生活支援の
基礎を学ぶ

― 介護・福祉・看護実践のための家政学 ―

編著　奥田都子

共著　大塚順子・桂木奈巳・古賀繭子
　　　神部順子・倉田あゆ子・倉田郁也
　　　田﨑裕美・中川英子・奈良　環
　　　野田由佳里・布川かおる・益川順子
　　　増田啓子・百田裕子

建帛社
KENPAKUSHA

はしがき

　生活支援の基礎を構成する主要な学問分野のひとつである家政学は，人間にとっての基本的な生活とは何かを提示するとともに，家庭生活や地域社会の生活の質を向上させるための知識と技術を提供してくれる。介護，福祉の専門職や看護職を目指す学生にとって，家政学を学ぶことは，「衣・食・住」を中心に人間の生活全般について理解を深め，福祉や看護の現場で必要となる生活支援の基礎知識と実践的スキルの習得に役立つだけでなく，家庭や社会における人間関係について学ぶことを通して，コミュニケーション能力や対人スキルを向上させる。家政学の広範な視点から生活の質を向上させる方法を探究することを通して，福祉や看護の現場で直面するさまざまな問題に対応する力を養うことが期待できる。

　もう少し具体的にいうならば，例えば家庭経済の知識については，介護サービス利用者やその家族に年金や生活費，医療費についての不安や保険の利用方法についてのアドバイスを求められれば，不安な気持ちに寄り添いつつ家計の知識に基づき適切な助言を行わなければならない。食生活の支援では，高齢者や障がい者，病人の栄養管理や食事の準備において，栄養バランスの取れた食事を計画し，調理することや，食材の保存方法，調理器具の使い方などにも栄養・調理の知識が必要である。被服生活の支援においても，高齢者や障がい者が快適に過ごせるように，適切な衣類の選択や管理を行う必要がある。季節やTPOに応じた衣類の選び方や，洗濯・修繕の方法に加え，皮膚が敏感な利用者や医療機器を使用する患者に適した衣服を選ぶための知識が必要である。住環境の整備においては，高齢者や障がい者が安全に安心して生活できるように，居室のレイアウトやインテリアの工夫，バリアフリーの設計，事故防止のための工夫が求められ，環境整備のための掃除や整理整頓の方法も知っておかなければならない。

　これらの知識や技術は，単なる生活経験から得られるものではなく，家政学による科学的根拠の裏付けによって，専門職としての責任を果たすレベルが担保される。だからこそ，生活支援において，家政学の知識・技術がいかに重要であるか，なぜ学ぶ必要があるのかを理解していただけるだろう。もちろん，専門職としての知識・技術は，対象となる人の生活支援だけでなく，自らの生活自立にも役立つことはいうまでもない。家政学の学びを通して，自らの，そして対象者の生活の質を向上させ，地域社会の生活の質の向上に貢献できることをぜひ知っていただきたい。

　本書は，前身書『新版 福祉のための家政学』（中川英子編著，2017年，建帛社）を引き継ぎ，核となる執筆メンバーに新たなメンバーを加えながらも，さらにその前身書である『介護福祉のための家政学』（中川英子編著，2002年，建帛社）以来のスタイルを踏襲している。その一つとして，実際の介護・福祉・看護の現場を想定したワークシートを各章に配

し，高齢者施設や居宅，療養施設において支援を必要とする高齢者や障がい者，患者として複数の事例に共通する登場人物を設定し，人物像をイラストとともに示し，事例理解の一助としている。このスタイルは，これまで編者を務められた中川英子先生の呼びかけにより，2000年に結成された「介護福祉のための家政学を考える会」の教育・研究活動において，生活支援における家政学教育のありかたを継続的に検討し，教育効果の向上に努めてきた取り組みの成果でもある。

　一方，本書の新たな取り組みとして，本文中に掲載したQRコードを読み取ることによる資料閲覧やワークシート中のエクセルファイルを建帛社のホームページからダウンロードできるようにした。また，生活支援における持続可能性の観点から，SDGsや地域共生社会にも言及している。

　今後ますます少子高齢化が進む中で地域共生社会の構築が課題となっており，介護，福祉の専門職や看護職にも，地域社会の中での交流や支え合いを促進する役割が期待される。地域全体の持続可能性を高めるために，地域のイベントやワークショップを通じて，住民同士のつながりを深めることにも，その知識や技術，能力が必要とされることが予想される。そのような地域福祉活動を推進する人材として能力を発揮していくために，家政学の学びが皆さんをエンパワメントすることを心から願い，本書を活用いただきたい。

　本書の作成には，家政学の専門家をはじめ，介護・福祉・看護の現場における生活支援に関わる多くの専門家の執筆と協力をいただいた。生活支援とは，専門領域を超えた連携協働によってなしうるものであり，発刊にあたって建帛社編集部の方々にも多大なご尽力をいただいた。お力添えをいただいたすべての方々に心より感謝申し上げたい。

2024年8月

編者　奥田　都子

●p. 38，39のワークシート（入院患者事例）とp. 40のワークシート（高齢者家計事例）は，エクセルファイルとして，提供しております。

　建帛社HP　https://www.kenpakusha.co.jp/

　上記にアクセスし，書籍検索にて『生活支援の基礎を学ぶ』で検索，本書書籍詳細ページ「関連資料」よりダウンロードしてご活用いただけます。

目　次

総　論

Ⅰ．福祉実践における家政学 ……………………………………………… *2*
1．ソーシャルワークにおける家政学 …………………… *2*
2．気持ちよく毎日を過ごすための支援 ………………… *2*
3．生きることの基盤となること―自立した生活のための支援や指導― ……… *2*
4．生活を取り戻すための支援―自分でできることを増やす支援― ………… *3*
5．ライフスタイルの変化，多文化との共生 …………… *3*

Ⅱ．介護福祉における家政学 ……………………………………………… *4*
1．生活を支える介護福祉 ………………………………… *4*
2．生活支援という小さな介護過程の積み重ね ………… *4*
3．介護福祉と家政学との関係 …………………………… *5*
4．認知症ケアから考える家政学の重要性 ……………… *5*

Ⅲ．看護実践における家政学 ……………………………………………… *6*
1．看護教育とナイティンゲール ………………………… *6*
2．我が国の看護教育の歴史的背景 ……………………… *6*
3．看護における家政学を学ぶ意義 ……………………… *7*

Ⅳ．加齢・発達・老化による心理・身体・生活の変化 ……………… *8*
1．「加齢」「発達」「老化」とは ………………………… *8*
2．老化の具体例 …………………………………………… *9*

Ⅴ．ワークシート・コラムの登場人物 ………………………………… *10*

各　論

Ⅰ. 生活経営 15

1. 家族の意義と機能 16
（1）家族の捉え方 16
（2）同一家族意識，ファミリー・アイデンティティー 17
（3）家族の機能 18
ワークシート●具体的事例から理解を深めましょう 18

2. 家族の変容 20
（1）世帯からみる家族の変化 20
（2）結婚・離婚をめぐる変化 21
（3）子育てをめぐる変化 22
ワークシート●家族とジェンダー平等について考えてみましょう ... 23

3. 家族と法律 24
（1）家族間の権利義務 24
（2）相続と遺言 26
（3）成年後見制度 27
コラム◆家族観の変容と介護 28
ワークシート●家族・親族に関する用語の意味を確認しましょう ... 29
ワークシート●事例から，相続・遺言について考えてみましょう ... 29

4. 生活史 30
（1）生活史の意義と効果 30
（2）生活史の聞き取り 30
ワークシート●身近な高齢者に生活史を語っていただくインタビューを
行ってみましょう 32
コラム◆生活史と生活歴の違い 33

5. 家計 34
（1）国民経済の一主体としての家計 34
（2）家計 34
ワークシート●入院患者の小野さんが家計を心配している理由を考えてみましょう ... 38
ワークシート●高齢者無職世帯の家計状況について調べてみましょう ... 40

6. ライフプラン（生活設計） 41
ワークシート●あなたのライフプランを作成してみましょう 41

7. 消費者問題 42
（1）経済社会の変化と消費者問題 42
（2）キャッシュレス化による問題 42

目　次　v

　　（3）　さまざまな手口を使う問題商法 ……………………………………………42
　　（4）　消費者のための法律や制度 …………………………………………………42
　　（5）　消費者のための相談機関 …………………………………………………43
　　ワークシート●若者が被害にあいやすい問題商法について考えてみましょう …………44
　　ワークシート●高齢者が被害にあいやすい問題商法について考えてみましょう ………45

8．生活時間と家事労働 ……………………………………………………**46**
　　（1）　生活時間とは ………………………………………………………………46
　　（2）　家事労働とは ………………………………………………………………46
　　ワークシート●図の中に各項目を書き込み，あなたの1日の生活をとらえて
　　　みましょう ……………………………………………………………………48
　　ワークシート●育児や介護における時間的な負担について考えてみましょう ………49

9．社会的ネットワーク ……………………………………………………**50**
　　（1）　社会的ネットワークとは …………………………………………………50
　　（2）　子育てに関する社会的ネットワーク ……………………………………50
　　（3）　介護に関する社会的ネットワーク ………………………………………51
　　ワークシート●あなたが住んでいる地域の生活関連サービスを調べてみましょう …………52
　　ワークシート●金山さんの社会的ネットワークを考えてみましょう …………53

10．生活福祉情報 ……………………………………………………**54**
　　（1）　情報のデジタル化 …………………………………………………………54
　　（2）　ネットワーク社会の課題 …………………………………………………55
　　コラム◆いつの時代も生活に欠かせない「テレビ」 ………………………………56
　　ワークシート●ユニバーサルデザインの商品を評価してみましょう ………………57

Ⅱ．食　生　活 ……………………………………………………**59**

1．食生活の機能と食文化 ……………………………………………………**60**
　　（1）　食生活の機能と現状 ………………………………………………………60
　　（2）　食文化と食習慣 ……………………………………………………………60
　　ワークシート●和食のマナーを考えてみましょう ………………………………63
　　ワークシート●高齢者福祉施設での行事食などに関する取り組みを考えてみましょう …63

2．栄養素の種類と消化・吸収・代謝 ……………………………………………………**64**
　　（1）　人体と栄養素，水 …………………………………………………………64
　　（2）　栄養素の種類と機能 ………………………………………………………64
　　（3）　人体の代謝のしくみ ………………………………………………………68
　　ワークシート●柴山さんの体調不良と食生活 ……………………………………69

3．栄養素と食事摂取基準 ……………………………………………………**70**
　　（1）　日本人の食事摂取基準 ……………………………………………………70
　　（2）　食生活指針と食事バランスガイド ………………………………………71

ワークシート●バランスガイドを使って食事のチェックをしてみましょう ……………72

4．食品の分類と選択 …………………………………………………………74

（1）食品の分類 ………………………………74

（2）食品の加工と表示 ………………………74

（3）食品の保存 ………………………………76

ワークシート●災害に備える非常食（備蓄食）について，考えてみましょう …………77

5．食の安全と食中毒 ………………………………………………………78

（1）食の安全 …………………………………78

（2）食中毒と食物アレルギー ………………79

（3）食物アレルギー …………………………81

ワークシート●居宅介護での調理と食中毒予防 ……………81

6．健康と食生活 ……………………………………………………………82

（1）健康とは …………………………………82

（2）国民健康・栄養調査，健康日本21と食生活 ………………82

（3）ライフステージ別にみる食生活と健康 ………………83

コラム◆「健康でいたい」―熱中症について ……………84

ワークシート●食生活調査と健康づくり ……………85

7．献立作成 ………………………………………………………………86

（1）献立作成の基本 …………………………86

（2）生活習慣病と献立作成 …………………87

8．調理 ……………………………………………………………………92

（1）調理と調理法 ……………………………92

（2）調理の実際 ………………………………93

（3）料理様式とその特徴 ……………………95

コラム◆ターミナルケアと食事 ……………96

ワークシート●早寝・早起き・朝ごはんの大切さを再確認しましょう ……………97

Ⅲ．被服生活 ……………………………………………………………………99

1．被服の役割と機能 ………………………………………………………100

（1）「被服」「衣服」「服飾」「服装」とは ………………100

（2）被服着用の目的 …………………………100

（3）環境温度と衣服内気候 …………………101

（4）服装の TPO ……………………………102

ワークシート●衣料の安全性について考えてみましょう ……………103

コラム◆高齢者・障がい者のお化粧，ファッションショー ……………103

2．被服の素材 ………………………………………………………………104

（1）被服素材の種類 …………………………104

（2）被服素材の性能と加工 ……………………………………… *106*

ワークシート●織物・編物を作ってみましょう ……………… *107*

3．被服の選択 ………………………………………………… *108*

（1）被服の選択にあたって ……………………………………… *108*

（2）衣料障害 …………………………………………………… *109*

コラム◆「いろポチ」―視覚障がい者への色彩支援 ………… *110*

ワークシート●通信販売で衣服の購入を支援しましょう …… *111*

4．下着・寝具・靴 ……………………………………………… *112*

（1）下着（肌着）の役割 ……………………………………… *112*

（2）寝具・寝装具 ……………………………………………… *112*

（3）靴 …………………………………………………………… *114*

ワークシート●健康的な足への配慮，正しい靴の選び方を知りましょう ……… *115*

5．被服の管理 ①［品質表示・洗濯］ ……………………… *116*

（1）被服の管理にあたって …………………………………… *116*

（2）洗　濯 ……………………………………………………… *116*

ワークシート●洗濯してみましょう ………………………… *119*

コラム◆消臭スプレーをかければ，洗濯をしなくてもよい？ … *119*

6．被服の管理 ②［シミ抜き・漂白・収納・保管］ ……… *120*

（1）シミ抜きと漂白 …………………………………………… *120*

（2）アイロンかけとたたみ方 ………………………………… *120*

（3）収納と保管 ………………………………………………… *121*

ワークシート●ウイルスに汚染された衣服の洗濯方法を考えてみましょう ……… *123*

7．縫製の基礎と被服の修繕 …………………………………… *124*

（1）縫製の基礎 ………………………………………………… *124*

（2）手工芸 ……………………………………………………… *126*

ワークシート●利用者が積極的に楽しめる手工芸について考えてみましょう ……… *127*

Ⅳ．住　生　活 ………………………………………………… *129*

1．住まいの役割と機能 ………………………………………… *130*

（1）住まいの役割 ……………………………………………… *130*

（2）ファミリーサイクル（家族周期）と生活空間 ………… *130*

（3）住まいの機能や役割の変化 ……………………………… *131*

コラム◆住まいについて知ろう ……………………………… *132*

ワークシート●あなたの住まいについて調べてみましょう … *133*

2．住生活と生活空間－生活空間と動線計画 ………………… *134*

（1）空間と人の動き …………………………………………… *134*

（2）生活空間の構成 …………………………………………… *136*

viii　目　次

　　ワークシート●あなたの住まいの中の起居様式を分析してみましょう　……………137

　　ワークシート●山田さん一家の生活空間と動線について考えてみましょう　………138

3．住まいの室内環境　…………………………………………………………………139

　　（1）光（採光・照明）　……………………………………………………139

　　（2）温度（冷房・暖房，通風・換気）　…………………………………140

　　（3）音（騒音）　……………………………………………………………141

　　ワークシート●川本さんの室内環境について考えてみましょう　………………………143

4．住まいの維持管理　…………………………………………………………………144

　　（1）住まいの寿命　………………………………………………………144

　　（2）点検・補修・修繕　…………………………………………………145

　　（3）日常的な掃除　………………………………………………………145

　　ワークシート●川本さんのトイレ掃除について考えてみましょう　……………………149

　　ワークシート●山口さんの集合住宅の管理について考えてみましょう　………………150

5．住生活と安全−安全に暮らすための生活環境　……………………………………152

　　（1）犯罪と防犯　…………………………………………………………152

　　（2）災害と防災　…………………………………………………………153

　　コラム◆防災公園を知っていますか？　……………………………………………………156

　　コラム◆家庭内事故を防ぐための工夫−住環境整備　……………………………………158

　　ワークシート●あなたの住まいの防犯について考えてみましょう　……………………161

　　ワークシート●いざという時の対処を考えておきましょう　……………………………163

6．住まいと地域生活　…………………………………………………………………164

　　（1）地域の中の住まい　…………………………………………………164

　　（2）ライフスタイルと住まい方の多様化　………………………………164

　　（3）まちづくり　…………………………………………………………165

　　コラム◆多様な世代が暮らす住まい・まちづくり−団地再生の取り組み　……………165

　　ワークシート●暮らしやすいまちづくりについて考えてみましょう　…………………167

索　引　……………………………………………………………………………………169

総　論

Ⅰ．福祉実践における家政学

Ⅱ．介護福祉における家政学

Ⅲ．看護実践における家政学

Ⅳ．加齢・発達・老化による心理・
　　身体・生活の変化

Ⅴ．ワークシート・コラムの登場人物

Ⅰ．福祉実践における家政学

1．ソーシャルワークにおける家政学

ソーシャルワークは，対象者の意思や自発性を大切にしながら，人それぞれが自分らしく生きる，質の高い生活を送ることを目指す。人は生きていく上で，さまざまな生活の困難さや，課題を抱える場合がある。問題や課題を解決または緩和していくためには，身体的，精神・心理的側面に加え，経済的な面や生活文化的な面を知り，生活者としての対象者の理解が欠かせない。

対象者を支援していくには，対象者の過去，今，そして将来を見据えて考えていかなければならない。生活全般を科学的に捉える家政学の知識は対象者を「知る」，支援の見極めや見通しを立てる上でも重要である。少しでも快適で自分らしい毎日の生活が続くこと，本人の力を見極め，見通しを立て，その時々の支援のための判断をするためにも，まずは自分自身の生活にも直結した家政学の知識と技術を身につけたい。

2．気持ちよく毎日を過ごすための支援

対象者が支援者に「大切にされている」「尊重されている」と感じるのは，支援者の言葉がけや態度からだけではない。支援者が対象者やその家族に話をよく聴き，ときには制度の利用，ときには地域の資源やサービスの利用などにつなげ，毎日の生活の小さなことにも目と耳を向け，その人らしい何気ない日々の生活の継続，気持ちよく毎日を過ごすための支援が受けられた時ではないだろうか。

日常生活はその人のこだわり，その人らしさで溢れている。たとえば，衣類の洗濯の頻度，洗剤の種類や洗濯方法，干し方やたたみ方など，小さなことのように思えることほど，自分のやり方と違う場合には，少なからずストレスや残念さを感じてしまう。

また，人はそれぞれ育った年代や地域環境による違い，それぞれの家庭での生活の仕方，ルールなどの違いがある。支援をする際には対象者の生活の仕方やルールをなるべく変更せず，その人なりの生活を続けられるようにすることが，生活の質（QOL；Quality of Life）を守ることにつながる。

生活の中にあるその人らしい生活のスタイル，生活の中の細かな違いを知るためにも，家事に関する科学的な根拠，一般的な手順や方法などを知っていることが望まれる。

3．生きることの基盤となること－自立した生活のための支援や指導－

乳児院や保育所，障害児・者入所施設などでは，それぞれに合ったかたちでの自立した生活のための支援が行われる。

毎日の生活の中で覚えること，身につけることはきわめて多い。住まいや空間は，安心

する居場所，困難なことが起こった際の逃げ場であり，自分で自分の気持ちを立て直す時にも必要となる。そして，掃除や整理整頓をすることは，衛生的な生活，生活のしやすさを自分自身でつくっていくことにつながる。また，適切な衣類を身に着けることを通して，社会性を身につけたり，自分自身で健康について留意することができるようになる。

　毎日の食事では，社会生活に必要な食事をする際の一般的なマナーや，自分自身で栄養を考え，健康に気をつけるということを知る。家庭の味で感じる安心感，行事食や旬の食材を食べることで知る食を通じた文化の理解などもされる。

　そして，金銭管理は，やがて家計をコントロールするための知識，自身の生活の見通しを立て，生活設計をしていく上での基礎的な知識となる。

　近年，若者の詐欺被害なども増加していることから，自分の身を守るための法制度，困りごとの相談窓口についても，まずは知識をもち，個々の家庭でも，集団生活が基本である入所施設であったとしても対象者を守り，支援や指導ができるようにしたい。

4．生活を取り戻すための支援－自分でできることを増やす支援－

　自分に関することは自分で決定し，自分の身の回りのことは自分でできるということが一番ストレスのない生活である。しかし，何らかの疾病や障がいを抱えることにより，他者からの支援を受ける生活を余儀なくされる場合もある。そうした時にも一つひとつ自分でできることを取り戻すよう支援を考えたい。そのためには，一般的な家事の知識や方法を知った上で，個々の状態に合わせた家事環境づくりや，生活に利用できる福祉用具の活用などを対象者に提案し，一緒に自立を考えていけるようにしたい。

　また，近年，災害などで避難生活を余儀なくされた人への支援にも家政学の知識が必要となる。一般的な家事の技術，科学的な根拠を知っているからこそ，物がない，環境が整っていない場所での応用を利かせることができる。物が十分ではない中での調理や食品の保管，衛生管理，住居や空間が人に与える影響を考慮した空間づくりなど，慣れない場所でのストレスを少しでも軽減し，自分らしい生活を送れるように支援を考えたい。

5．ライフスタイルの変化，多文化との共生

　人々の生活，暮らしは時代と共に変化している。家電製品一つを見ても，日々進歩し便利で使いやすく進化を遂げている。しかし，その進歩が高齢者や障がい者にとっては逆に使いにくさを生むことがある。家庭生活の中で使われる古きよきもの，そして ICT（Information and Communication Technology：情報通信技術）などの科学的な進歩による生活を楽にするもの，その両方の知識を得ることで，対象者個々の要望や課題に応じた支援を考えていきたい。

　また，日本で暮らす外国人も年々増加しており，生活の面から他の国の文化を理解し，支援していくことも必要となっている。日本の生活習慣との違いからくる，地域でのトラブル解決や緩和のためにも，日本の基本的な生活に関わる知識と技術を，生活に一番身近な福祉職として身に着けていきたい。

Ⅱ. 介護福祉における家政学

1. 生活を支える介護福祉

　介護福祉とは何か。さまざまな定義を概観すると、「根拠をもった援助を通して生活行為を成立・維持させ、生命を護ることのみならず、生活意欲を引き出すこと」と定義づけることができる。援助の対象者は、身体的・精神的な機能低下により、日常生活を営むことが困難な方であり、つまり介護福祉とは、日常生活の営みで生じる生活のしづらさを理解していくことである。

　介護福祉は、生活の場所で人権擁護をすることを生業としている。そして、QOL向上の視点で、生命活動、生活活動、社会参加と多面的な支援を行う。『家政学事典』には生活が「諸活動の総体」「基本的欲求の充足過程」[1]であると定義づけられている。改めて、食事、排泄、入浴、清潔、更衣、睡眠などの日常的生活行為に加え、調理、掃除、買い物など、手段的な日常生活行為があると捉える。また介護福祉士養成教育の第一人者である井上千津子氏は、生活を、「活動の総体」「活動の束」と表現している[2]。

　介護福祉とは何か、改めて換言するならば、対象者自らの手ではどうにもしようのない「絡まってしまった束」を、生活場面でタイミングよく解きほぐす仕事ではないか。介護福祉はそういう意味でも、個別的で、生活支援そのものだといえる。

2. 生活支援という小さな介護過程の積み重ね

　生活支援技術は、2007年度の社会福祉士及び介護福祉士法改正により、食事や入浴、排泄など生活を送る上で必要な介護技術として領域介護に創設された。初学者に対して、かみ砕いて説明する際には、「生活の場所で、心身の状況に応じた適材適所な介護技術」と表現している。前述の通り、生活支援とは、食事、排泄、入浴など生活行為の束が乱れた状態を、生活場面ごとに、対象者が暮らしてきたように心地よく（自立・快適・安心感のある）束をつくっていくための援助である。

　また介護福祉における介護過程は、専門性の一つだと捉えている。生活支援の中では、生命維持のために、食事や、睡眠、運動など具体的な支援を行うが、そこに対象者の意欲につながる働きかけがあることが前提条件になる。食べたい、行きたい、逢ってみたい人がいると心が動き、生活意欲を引き出す鍵は介護福祉のタイミングのよい声かけや、温かいまなざしによる見守りの賜物であり、人としての関わりが不可欠である。毎日、安全で安心な心持ちで過ごす快適な日々の提供こそ、生活支援であり、本来の意味での環境整備であり、小さな介護過程の積み重ねであり、介護福祉の目的的価値を高めるものだといえる。

　介護福祉士は、生活の場所で人権を擁護し、生活（暮らし）という小さな営みを可能に

するための環境整備のプロというのが著者の持論である。つまり，特に支援が必要な利用者にとっては，快適な生活環境が整備されるか如何によってQOLが左右されるといっても過言ではない。

3．介護福祉と家政学との関係

　現代の若者像として基礎学力低下が指摘されているが，それ以上に危惧されるのが生活力の低下ではないかと漠然と感じている。介護福祉が生活環境の整備ならば，介護を学ぶ前提条件として「家政学」の学びが，初学者の生活者としての自己認識の場になり得る，また「家政学」の学びを通して，嗜好の違いやその人らしさを考える機会から必然的に自己と他者の違いを意識できる。またADL（Activities of Daily Living：日常生活動作）など身体的な活動以外に，IADL（Instrumental Activities of Daily Living：手段的日常生活動作）に着目して対象者の生活を概観するためのスキル習得は，アセスメント視点の広がりにつながる。引いては介護福祉の目的を実現することにつながるだろう。

　情報過多になりがちな複雑な時代だからこそ，シンプルに自分の暮らしを見直す振り返りができる「家政学」の重要性を改めて問いたい。生活支援という他者への援助は，自己を認識（自己覚知）することが基底となる。対象者への寄り添いや共感ができる熟達者を目指すには，まずは，初学者の生活者としての体験的な理解にとどまっている経験値に「家政学」としての理論の裏づけや技術の根拠づけが重要視されるべきである。

4．認知症ケアから考える家政学の重要性

　認知症ケアから家政学の重要性について具体的に考えてみる。QOLを提唱しているICF（International Classification of Functioning, Disability and Health：国際生活機能分類）の解釈には「質の高い生活」以外にも「生きがいある生活」も定義として示されている。

　認知症の人のほとんどに好きなことや喜ぶことが必ずあり，介護職が見つけるのを手伝うと，笑顔が増え，活気につながり動作や表情が豊かになり，言葉数も増える傾向がある[3]。認知症の人が生きがいを感じる瞬間は，好きなことをしている，好きな物を食べる時，慣れ親しんだ環境で安心感を抱く時，過去の体験を再び体験する時などがあげられる。認知症ケアのフレームワークでは，過去の出来事やこれまでの経緯の情報収集が重要であり，現在の状況や感情への介入は，「生活者」である利用者がどのような暮らしをしてきたかを深く理解することが必要となる。生活者としてありのままに表現する内容を正しく理解するために，好きな食べ物，心地よい衣類，快適な住空間など，さまざまな事柄において，家政の知識，すなわち家政学が必要になる。その知識に基づき，個別性を意識した実践をするのでなければ，尊厳を護るとは言えない。

　「介助はものがわかってできる」「介護はひとがわかってできるが短期的な関わり」「介護福祉は根拠がわかって行う長期的で専門的な関わり」である。介護福祉士が，専門性をもち，科学的根拠に基づいた，尊厳を護る関わりを行うためには，家政学の知識とそれに基づいた技術が不可欠である。

III. 看護実践における家政学

1. 看護教育とナイティンゲール

皆さんは、英国の看護師、社会起業家、統計学者、近代の看護教育の始祖であるナイティンゲール（Nightingale, F., 1820-1910）をご存じであろうか。クリミア戦争で負傷者たちへ献身的看護を行い、後に、統計に基づく病院の衛生改善に尽力し、死亡率を減少させた。

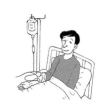

クリミア戦争における傷病兵の死亡率の高さは、負傷だけではなく、病院内での不衛生（蔓延する感染症）によるものと推測された。その経験からナイティンゲールが考案した病院建築においては、療養空間としてふさわしい面積、ベッドの高さやベッド間の距離、窓の大きさ（高い天井まで延びた三層の窓）や病室の換気など（一番高い三層目の窓を常時開放しておくこと）が重要視され、ナイティンゲールの非凡な才能が発揮された。このことは、ナイティンゲールゆかりの聖トーマス病院（英国）をはじめとし、世界中の当時の病院建築に活かされていった。

また、ナイティンゲールは、「生活や環境が病気をつくる」と考え、看護とは「新鮮な空気、陽光、温かさ、静けさを適切に保ち、食事を適切に選択し管理すること、こういったことのすべてを、『患者の生命力の消耗を最小にするように整える』ことを意味すべきである」[4]と、生活や環境を整えることに重きを置いている。つまり、クリミア戦争から帰還したナイティンゲールは、1860年に人類史上初めて、『看護の覚え書』（『Notes on Nursing』）という書の中で、「看護の在り方」や「看護とは何か」という定義を明らかにしたのである。同年、英国ロンドンに看護婦養成所を設立し養成教育をスタートさせ、その教育システムは、日本にも多大な影響をもたらし、我が国の看護の礎ともなっていった。

看護とは、人間の生命力や回復力を高められるように、患者を取り巻く生活のすべてを、生命力の消耗を最小にとどめるように、最良の条件を整えることでもあり、ナイティンゲールの教えは、患者の健康に携わる際に必要な看護教育の原点として現代に至るまで継承されている。

2. 我が国の看護教育の歴史的背景

我が国の看護教育は、明治期にナイティンゲールの思想が導入され、昭和の戦時下の戦時救援看護婦養成の時代を経て、戦後、我が国初の大学教育看護学の原点は、「家政学の中の看護学科」として発足された〔高知女子大学家政学部看護学科（1952年）〕。その後も、いくつかの教育課程によって看護師が養成されていく中で、カリキュラム改正を経てそれぞれの時代に求められる看護の役割を考え、柔軟に教育内容を変更してきている。特に、第2次カリキュラム改正（1989年）では、時代の特徴を踏まえ、「人口の高齢化、医療の高度化、在宅医療の推進等」により看護に求められる能力や役割が拡大され、老人看護学

Ⅲ. 看護実践における家政学　　*7*

（老年看護学）が新設，ライフサイクル別に分類された。また，第3次カリキュラム改正（1996年）では，在宅看護論が新設され，訪問看護に対応するために，「疾病や障害，加齢に伴う変化を有するすべての人が自宅やそれに準じた環境で生活できるように」看護実践を行うことが期待された。第4次カリキュラム改正（2008年）では，在宅看護論は，「地域で生活しながら療養する人々のその家族を理解し在宅での看護実践の基礎」を学ぶ内容とされた。看護の現場である病院などでは「患者」という呼称を用いるが，本来，看護の対象は，患者以前に「人」であり，単に疾病のみを看るだけではなく，「人及び人が営む生活や人生そのもの」「人が生きていくうえで最適解な環境を統合的に捉え看ていく視点」について，患者の立場に立って考えられる多様な視点教育が一層大切になっている。

3．看護における家政学を学ぶ意義

　なぜ，看護師が家政学を学ぶ必要があるのか，以下の2件の事例を通して家政学を学ぶ意義について考えてみたい。

　1件目は，Tさん（女性・70歳・独身）の事例である。

> 　Tさんは長期間咳が止まらない（発熱無し）という主訴で近隣の医院を経て，自ら都内の大学病院を受診された。混み合う診察待ちの中で看護師に「薬を飲んでも治らない，飲み続けるのはもう嫌だ，なぜ治らないのだろうか？　病院に行っても薬を飲むだけ，診察で上手く医師に症状を伝えられるか不安…」と，出口の見えない長期症状に苦しみを涙ながらに訴えた。そこで，看護の役割は「患者の代弁者」でもあると考えた看護師は，主訴以外の生活状況の詳細を記録し受診につなげた。その結果，Tさんのお住いの居室内環境（独居，木造築年の古いアパート，空間，清掃状況，換気・風通しなど）および季節が，咳の原因であったことが明らかになった。

　2件目は，Sさん（女性・50歳）の事例である。

> 　Sさんは，腎盂腎炎により緊急入院となったが「息子の生活が心配」と自分の治療より，子どもの日常生活や家事が気がかりで入院どころではなかった。その情報は病棟で共有され，医師から「手術後はスマホがあった方が何かと安心でしょう，ICUでのスマホの持ち込みも大丈夫ですよ」と伝えられ，Sさんの不安が軽減された。

　患者の訴えに接するとき，疾病（病）の症状や対症療法に注視しがちであるが，看護師には，患者の生活に寄り添い「家庭生活を意識した人間の生活環境」に，思いを馳せる広い知識と想像力が重要なことを1件目の事例は示している。また，たとえ治療優先の診療であったとしても，2件目の事例のように患者にとっては，日常生活や家庭生活を切り離すことは難しい。常に看護の視点には患者という人間の生活を全体的に捉えることが重要で，生活過程を整え，生きる希望と力を与え，その人らしく生きることを総合的に支えていくことが大切である。これらの事例から，看護学の基盤の一つとして家政学を学ぶことが不可欠なことがわかる。

IV. 加齢・発達・老化による心理・身体・生活の変化

1.「加齢」「発達」「老化」とは

　"加齢"とは，この世に生まれてから，死に至るまでの間の一連の形態的・機能的変化のことをいう。"発達"とは，受精から死に至るまでの一生涯の質的・量的な変化の過程といわれるが，一般的には，運動，精神や言語などの加齢による機能獲得段階で使われる。それに対して"老化"とは，加齢現象のうち，特に成熟期以降に現れてくる組織的崩壊や生理的退行変化のことをいう。主な老化現象としては，皮膚，運動能力および感覚器に関する変化（次項：2.老化の具体例）などがある。

　老化は生きるものとして逆らうことができないものであるが，その速度は人によりさまざまである。食生活や運動などにより，"老化"を遅くすることも可能である。下に日本人の加齢・発達・老化による心理，身体および生活の平均的な変化を示した。

　福祉職は，対象者の心身の特性を理解したうえで生活支援をすることが大切である。加

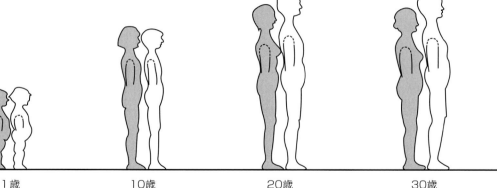

	0歳　　1歳	10歳	20歳	30歳
	乳幼児期	青少年期	未婚期	育児期前期
心理・身体・生活の変化	●愛着を形成する。 ●他者の受容によって，自己肯定感を獲得する。 ●遊びによって，道徳性や社会性が芽生える。 ●基本的信頼感を獲得する。 ●単語が言えるようになる。 ●つかまり立ち，伝い歩きができるようになる。 ●生後6か月くらいまでは乳汁栄養，その後，離乳食へ移行し満1歳までにほぼ離乳が完了する。 ●1歳半頃より色の好みや好き嫌いが表現できる。 ●1歳半頃より1人で衣服を着ようとする。	●思いやりを形成する。 ●他者視点を理解する。 ●規範意識を形成する。 ●自己の存在を考える。 ●責任意識を形成する。 ●自然や美しいものに感動する。 ●身体の発育が著しくなる。 ●体型に性差が現れてくる。 ●腕や肩などの筋力調整力が伸びてくる。 ●成長や活動量の増加とともに栄養必要量が増加する。 ●中高生は，食習慣が乱れ，欠食や栄養不足による不定愁訴につながりやすくなる。	●自我同一性を確立する。 ●親に対して依存と自立という矛盾した感情を抱く。 ●職業選択において自己を探求する。 ●結婚や親になることを考える。 ●他者の善意や支えへの感謝の気持ちに応えられる。 ●身長の成長が停止し，大人の体型になる。 ●記憶力や創造力が増してくる。 ●手作業などの作業効率が良くなる。 ●視力がピークになる。 ●年齢・性別・生活活動強度に応じた栄養必要量になる。 ●進学・就職・結婚などを機に自立した食生活を営むようになる。 ●職業選択を通して自立する。	●仕事を通して自己を確立する。 ●仕事にやりがいを感じる。 ●配偶者選択を通して親密な関係をつくる。 ●結婚への意思決定をする。 ●親役割を取得する。 ●子育ての楽しさとつらさを経験する。 ●30歳代後半より，視力や聴力の低下が始まる。 ●毛髪の白髪化や減少が始まる。 ●手作業などの迅速さの低下が始まる。 ●仕事や家事・育児などの多忙さから，食生活が不規則になりやすくなる。 ●生活習慣病の罹患率が上がり始める。 ●基礎代謝量が減少し始める。 ●肥満傾向となり，男性は腹部肥満，女性は下半身肥満が多くなる。

齢・発達・老化に伴う心理・身体と生活の変化を理解し，子どもに対して，また，高齢になっても，障がいがあっても，その人らしく生きられるための支援を心がけたい。

2．老化の具体例

皮膚の変化：真皮や表皮の層が薄くなり保水性や皮脂の分泌が低下する。そのため皮膚が乾燥しやすくなりしわが増える，抵抗力が弱くなり体温調節機能が低下するなど。

骨格・筋系：骨密度や筋力が低下し前屈みの姿勢になる，O脚になりやすい，関節の痛みが増加する，骨折しやすくなるなど。

視　　　力：小さい文字が見えにくくなる，視野が狭くなる，遠近感が把握しにくくなる，明暗の順応が悪くなりまぶしさを強く感じやすくなる，色の識別が困難になるなど。

〔鈴木隆雄：『日本人のからだ―健康・身体データ集』，朝倉書店（1996）を参考に作成〕

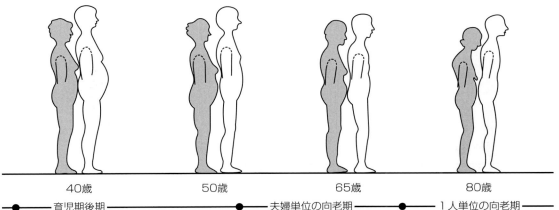

40歳　　　　　　　50歳　　　　　　　65歳　　　　　　　80歳
━━●━━ 育児期後期 ━━　━━●━━ 夫婦単位の向老期 ━━　━━●━━ 1人単位の向老期 ━━

- 青年期に抱いた希望と現実のはざまで揺れ動く。
- 眼の屈折力が低下し老眼が始まる。
- 反応時間が遅くなる。
- 歩行速度が低下し始める。
- ひらめきにくくなる。
- 寒がりになる。
- 咀嚼力や消化器系の機能が低下してくる。
- 基礎代謝量がさらに減少し，骨粗鬆症予防のためにカルシウム・ビタミンDが必要になってくる。
- 女性の肥満率が最も高くなる。
- 生活習慣病等に対する薬の常用が増加する。
- 仕事・家庭・社会的活動を通じて他者や次世代に対する関心と責任を持つ。

- 子どもが自立する。
- 親役割が終結する。
- 夫婦関係を見直す。
- 命の有限性を自覚する。
- 職業的達成や挫折を経験する。
- 睡眠時間が短くなる。
- 夜尿回数が多くなる。
- 最高血圧が上昇するようになる。
- 背筋力が弱まってくる。
- 親の老いや死と向き合う。

- 社会的にも身体的にも喪失を体験する。
- この喪失を受け入れ，新たな人生をつくり上げる。
- 皮膚の弾性がなくなる。
- トイレが近くなる。
- 行動に時間がかかる。
- 高い音が聞き取りにくくなる。
- 老眼鏡が手放せなくなる。
- 喪失歯が増え，咀嚼力や消化・吸収機能がさらに低下する。
- 味蕾細胞の減少により，味覚が変化してくる。
- 物忘れするようになる。
- 生活活動が減少し，食事量が少なくなる。
- 人生経験から得た深い理解と洞察力を次世代に伝える。

- 自己中心性が減少する。
- 生と死に対する認識の再定義と，死への恐怖が減少する。
- 物質的な興味が減少する。
- 過去や未来の世代との親密なつながりを感じる感覚が増加する。
- 70歳代より，筋肉の衰えが目立ち始め，膝の曲げ伸ばしが難しくなる。
- 視野が狭くなる。
- 咀嚼力や消化器の働きがさらに衰え，軟菜や軟飯を好むようになる。
- 腸の活動が緩慢になり，便秘になりやすくなる。
- 生活習慣病の罹患率が高くなる。
- 手指の精密な動作がしにくくなり，ボタンによる着脱や蛇口，ドアノブの操作が難しくなる。
- 起居が不自由になり杖や壁を頼って歩行するようになる。
- 配偶者や多数の近親者が死ぬ。

V. ワークシート・コラムの登場人物

あなた自身

あなた自身のこととして
ワークシートに
挑戦してみましょう！

児童養護施設

実習生

川本 博さん（19歳）
【所属】
社会福祉士養成校
【将来の希望進路】
社会福祉士

老人ホーム

実習生

南 かおりさん（19歳）
【所属】
介護福祉士養成校
【将来の希望進路】
介護福祉士

居 宅

実習生

秋山仁美さん（19歳）
【所属】
介護福祉士養成校
【将来の希望進路】
介護福祉士

病 院

実習生

小林由紀さん（20歳）
【所属】
看護師養成校
【将来の希望進路】
看護師

入院患者

小野良一さん（52歳）
肺がんのため抗がん剤治療で入院中。今後，3回の治療が予定されている。
【家族】
妻・子2人（高校2年生・中学3年生）
【その他の情報】
会社員，休職中（6か月）

Ⅴ．ワークシート・コラムの登場人物　　11

老人ホーム

入居者
山口しずさん（83歳）
【介護度】
要支援2
【現病歴】
アルツハイマー型認知症
【家族】
夫（入院中）・子2人
介護付き有料老人ホーム

入居者
柴山　一さん（77歳）
【現病歴】
2型糖尿病
【家族】
妹・子2人
有料老人ホーム

入居者
川村文子さん（83歳）
【介護度】
要介護3
【現病歴】
アルツハイマー型認知症
【家族】
夫（自宅）・子2人
特別養護老人ホーム

居　宅

利用者
金山トメさん（82歳）
【介護度】
要介護1
【現病歴】
アルツハイマー型認知症（脳梗塞の後遺症あり）
【家族】
娘と同居
親族（二人）世帯

利用者
渡辺夫妻
夫　秀次さん（79歳）
【現病歴】高血圧症
妻　竹子さん（82歳）
【介護度】要介護2
【現病歴】右片麻痺
【家族】
子どもなし
夫婦のみ世帯

利用者
斎藤はなさん（78歳）
【介護度】
要介護1
【現病歴】
変形性膝関節症
白内障
【家族】
夫と死別（15年前）
子3人（別居）
単独世帯

【引用文献】

1）日本家政学会編：『家政学事典』，朝倉書店（1990）
2）井上千津子：『新版　福祉のための家政学』（中川英子編著），建帛社，p. 4（2017）
3）石原哲郎：『図解でわかる認知症の知識と制度・サービス』，中央法規（2023）
4）ナイチンゲール，F.，湯槇ます他訳：『看護の覚え書 第8版』，現代社，p. 15（2023）

【参考文献】

・B. Seebohm Rowntree：「POVERTY：A Study of Town Life」Thomas Nelson & Sons London, Edinburgh, Dublin and New York（1901）
・T. W. Fowle：「The Poor Low」Macmillan and Co.（1890）
・小山路男：『イギリス救貧法史論』，日本評論新社（1962）
・一番ケ瀬康子：『アメリカ社会福祉発達史』，光生館（1963）
・岩田正美・大橋謙策・白澤政和監修：『現代社会と福祉』，ミネルヴァ書房（2012）
・家計経済研究所：「季刊 家計経済研究」，No. 105（2015）
・総務省統計局：「令和2年国勢調査 調査の結果」（http://www.stat.go.jp/data/kokusei/2020/kekka.html）
・長津美代子・小澤千穂子編著：『新しい家族関係学』，建帛社（2014）
・加藤邦子・牧野カツコ・井原成男・榊原洋一・浜口順子編著：『子どもと地域と社会をつなぐ家庭支援論』，福村出版（2015）
・秋元典子：『看護の約束－命を守り，暮らしを支える』，ライフサポート社（2011）
・日本看護協会監修：『新版 看護者の基本的責務－定義・概念／基本法／倫理』，日本看護協会出版会（2006）
・文部科学省：「子どもの発達段階ごとの特徴と重視すべき課題」
・長野県：「若者のこころ～思春期・青年期とは」，pp. 1－3
・岡本祐子・深瀬裕子編著：『エピソードでつかむ生涯発達心理学』，ミネルヴァ書房，p. 132, pp. 134-136, p. 140, p. 144, p. 155, p. 172（2013）
・京都府精神保健福祉総合センター：「〈中年期の心の健康〉中年期とは，惑いとこころの揺れの時期」
・ハヴィガースト，R. J.，児玉憲典・飯塚裕子訳：『ハヴィガーストの発達課題と教育』，川島書店，pp. 160～168（1997）
・トーンスタム，L.，冨澤公子・タカハシマサミ訳：『老年的超越－歳を重ねる幸福感の世界』，晃洋書房，p. 43（2017）
・エリクソン，E. H.，エリクソン，J. M.，村瀬孝雄・近藤邦夫訳：『ライフサイクルその完結』，みすず書房，p. 163, p. 183（2001）

各　論

I. 生 活 経 営
II. 食　生　活
III. 被 服 生 活
IV. 住　生　活

Ⅰ．生活経営

1．家族の意義と機能
2．家族の変容
3．家族と法律
4．生　活　史
5．家　　　計
6．ライフプラン（生活設計）
7．消費者問題
8．生活時間と家事労働
9．社会的ネットワーク
10．生活福祉情報

1. 家族の意義と機能

（1）家族の捉え方

1）家族の成り立ちと子育て・看護・介護

　人間の子どもは，ほ乳類の中でも特に未熟な状態で生まれ，自立までに長い年月を要する。長く手間のかかる子育てを遂行するには，乳を与える母だけでなく，その母をサポートする協力者が不可欠であり，これが家族という集団の発達をもたらした。家族は，協力して子育てを行いながら，暮らしを支え合う生活の基礎単位となり，子どもだけでなく，傷病や高齢により自立困難なメンバーを世話したり介護を担うようになり，相互扶助関係を発展させてきた。今日，看護や介護は高度化・専門化し，子育てにおいても，家族の力で対処しきれない領域を専門職者が担うようになった。保育士や看護師，介護福祉士などは，専門知識や技術をもって適切なケアを提供するとともに，家族と協力して，子育てや看護，介護のシステムを担うことを期待されている。

2）家族の基本的概念

　私たちが経験する家族には，生まれ育った家族と，結婚や養子縁組などによって自分がつくる家族の2種類があり，前者を定位家族や出生家族，後者を生殖家族，創設家族などと呼んでいる。また，家族構成の面から家族を分類すると，「夫婦と未婚の子」「夫婦のみ」「ひとり親と未婚の子」からなる家族を核家族といい，夫婦の親やきょうだいなど，核家族以外のメンバーを含む家族を拡大家族という。祖父母，子世代夫婦，孫世代のメンバーからなる三世代家族も，拡大家族の一つである。

3）家族の類似概念としての世帯・戸籍

　一般に家族とは，夫婦，親子，きょうだい，その他の近親者による，居住や生計のつながりをもつ人々の集団のことを指す。しかし現実の家族形態はさまざまであり，外見から個々の家族を特定しにくい。そこで統計上は世帯という概念を用いて家族を把握している。

　世帯とは「居住と生計を共にする人々の集まり」および「一戸を構えて住む単身者」を指す用語である。進学・就職で家を離れた子や単身赴任の配偶者を家族と思っていても，世帯のメンバーには入らない。国勢調査をはじめ，種々の社会調査では，家族の代わりに「世帯」を用いて現実の生活集団をとらえており，私たちが用いる家族に関する統計データの多くは，実のところ「世帯」のデータである。

　ほかにも，家族の範囲を明確にする役割をもつものとして，戸籍がある。戸籍とは，個人の出生から死亡までの家族歴を記録する公文書であり，その人がいつ，誰の子どもとして生まれ，誰と結婚し，いつ子どもが生まれたか，離婚や養子縁組を行ったか，などの情報が記され，夫婦・親子・兄弟姉妹など家族の身分関係を明確にする。その記載に基づき，民法が定める扶養義務や相続などの権利を，誰が，誰に対してもつのか確定される。戸籍は夫婦単位で編製され，子どもが生まれると親の戸籍に記載される。成長した子が結婚する際に親の戸籍を離れ，配偶者とともに新たな戸籍を編製する。つまり，一つの戸籍に記

載されるのは，一組の夫婦と子どもの二世代に限られ，核家族の範囲を超えることはない。

（2）同一家族意識，ファミリー・アイデンティティー

　単身赴任の父や，進学・就職で家を離れた子について，別居でも家族だと感じる人は多いが，「配偶者の親やきょうだい」「子の配偶者」などを家族と思うかどうかは，居住関係に加えて，関係の良否や個人の感じ方，価値観によっても左右される。このように，私たちが家族かどうかをはかる要素には，血縁，同一居住，同一生計などの客観的な要素だけでなく，同一家族意識という主観的要素がある（図1-1参照）。

　「私の家族はこのメンバーである」という家族の認識をファミリー・アイデンティティー[1]といい，個々の成育歴や家族歴などと深くかかわって形成される。家族支援においては，外見上の家族や，社会制度上の家族像と合致しなくても，そのファミリー・アイデンティティーを尊重し，相手の家族認識を否定せずに受けとめる姿勢が，信頼関係の形成に欠かせない。亡くなった夫や子どもが生きているかのように話題にする姿には，現存メンバーだけが家族ではないことを察して接する必要がある。また，過去の家族経験や認知症などにより，現在の家族を自分の家族とは思えない人に，無理やり家族を受け入れさせることも避けたい。人によっては，ペットもかけがえのない家族である。その人が誰を家族と感じ，誰を家族と感じられないのかを，穏やかなかかわりをもちながら見極めていく姿勢が必要である。

　また，家族の冷淡な態度や無関心に対して，支援者の一方的な価値観で批判することも避けなければならない。家族の関係には，外からはうかがい知れない歴史が反映されており，これまでの対立や葛藤，暴力などの結果が，現在の無関心や虐待につながっていることもある。患者・利用者と家族との関係に目を向けながら，双方のファミリー・アイデンティティーに配慮し，個人や家族の問題解決に向けて支援していくことが必要である。

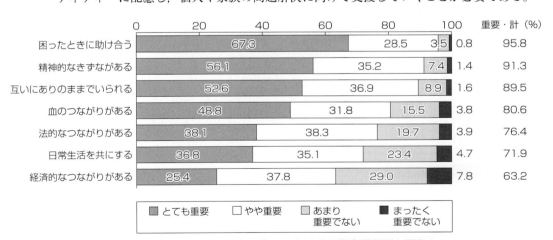

図1-1　家族であるために次のことはどの程度重要だと思うか

注1）国立社会保障・人口問題研究所：「第6回 全国家庭動向調査報告書」，（2020）より作成
　2）設問文は「あなたにとって，家族であるために，次のことはどの程度重要だと思いますか」。「重要・計」は「とても重要」「やや重要」の合計割合。
　　　　出典）北村安樹子：「暮らしの視点（2）既婚女性からみた家族の範囲」，ライフデザインレポート，9, p.3（2020）

（3）家族の機能

　工業化以前の社会において，家族は，生産・消費を担う経済機能をはじめ，子を産み育て教育する機能，病人・老人を看護し世話をする保護機能，娯楽，宗教行事や冠婚葬祭など多くの機能を担っていた。現代では，学校や福祉施設，病院などの専門機関に移行し，家族の機能は縮小した。しかし，愛情や精神的な安定をもたらす機能をはじめ，家族の衣食住を整え健康や安全を保つ機能，子を産み育てる機能，家庭における看病や介護・扶養の機能において，今も家族の役割への期待は大きい。

　家族の小規模化や既婚女性の就労化，医療・介護の高度化は，家族だけで家事や育児・介護の機能を十分に遂行することを難しくさせており，専門職がその役割を補完・代替しつつ，家族の自立を支援することが社会的な課題となっている。社会の基礎単位としての家族が，その役割を果たせるよう，社会全体で支えていかなくてはならない。

ワークシート ● 具体的事例から理解を深めましょう

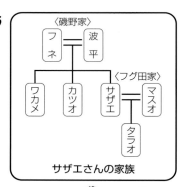

サザエさんの家族

作業1

　「サザエさん」一家を題材に，世帯，戸籍，ファミリー・アイデンティティーについて理解を深めるために，①～⑥の問いに答えましょう（次頁のグラフも参照）。

　右の図は，サザエさんの家族関係を示しています。マスオさんは，サザエさんの実家に同居していますが，磯野家の婿養子ではありません。フルネームは「フグ田マスオ」で，サザエさんもタラちゃんもフグ田姓を名乗っています。

① 波平にとって世帯のメンバーは誰？ ・波平	② マスオにとって世帯のメンバーは誰？ ・マスオ
③ フネと戸籍を同じくするメンバーは誰？ ・フネ	④ サザエと戸籍を同じくするメンバーは誰？ ・サザエ
⑤ ファミリー・アイデンティティーの視点から，マスオにとっての「家族」は誰？ ⇒なぜそう思うのかも書きましょう。 ・マスオ	⑥ ファミリー・アイデンティティーの視点から，サザエにとっての「家族」は誰？ ⇒なぜそう思うのかも書きましょう。 ・サザエ

ワークシートの考え方

　このワークシートの目的は，誰もが知っているサザエさんを題材に，戸籍，世帯について理解を深め，ファミリー・アイデンティティーの視点から，「その人にとっての家族」を考えることにあります。私たちは，「家族とはこういうもの」という偏った見方にとらわれていることが少なくありません。しかし，援助者には，援助を必要とする人の家族認識を尊重する姿勢が必要であり，できるだけ特定の家族認識や家族観にとらわれないように注意しなければなりません。さまざまな家族の考え方があり，正解は1つではないことに気づくために，自分の考えだけでなく，グループでそれぞれの考えを話し合いましょう。

1．家族の意義と機能　19

作業2　以下の事例を読み，設問に答えましょう。

〈事例〉
　川村文子さん（83歳，女性）は，認知症のために家事や日常生活の手順がわからなくなってしまい，夫と離れて特別養護老人ホームに入所しています。昨年まで夫婦一緒に暮らし，夫の武さんが介護をしていましたが，文子さんのトイレの失敗や徘徊に武さんが疲れてしまい，文子さんをたたいたり，怒鳴ったりしていることにデイサービスの職員が気づき，系列のホームに緊急入所となりました。
　夫婦には長男と長女がいましたが，長男は5年前に病気で亡くなり，妻は子どもを連れて県外の実家に戻ってしまいました。長女は遠方に嫁いでおり，入所の手続きに来所しましたが，武さんの日常的な世話を担うことはできません。武さんは週1回のデイサービスと配食サービスを利用しながら自宅で生活を続けています。

① 文子さんの戸籍上の家族メンバーは誰ですか。世帯のメンバーは誰ですか。
② 文子さんにとって，誰が家族だと思いますか。ファミリー・アイデンティティーの視点から考えましょう。
③ ②についてのあなたの考えをグループの中で互いに報告し，下のグラフも参照しながら，共通点や相違点について，なぜそう思ったのかを話し合いましょう。

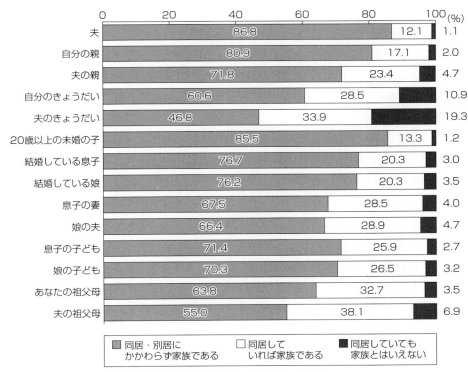

既婚女性が答えた「家族」の範囲

注1）国立社会保障・人口問題研究所『第6回全国家庭動向調査報告書』，(2020) より作成
　2）調査対象者は全国の結婚経験のある女性。うち配偶者がいる6,142名についての集計結果から，「不詳」の人を除き再集計した。

出典）図1-1と同じ，p.2

2. 家族の変容

（1）世帯からみる家族の変化

1）世帯規模の縮小

　昔の家族といえば，三世代，四世代でにぎやかに暮らす大家族のイメージが強いが，初めて国勢調査が行われた1920年の時点で，核家族率は55.3％とすでに過半数を占めていた[2]〔以下の統計データは「人口統計資料集（2024年版）」，及び「2022年 国民生活基礎調査」による〕。1950年代初めまでは子どもの数も多く，平均世帯人員は5人前後だったが，その後は縮小傾向が続いて2022年には2.25人まで減少し，家族の小規模化が進んでいる。背景には，単独世帯や夫婦のみの世帯の増加，夫婦あたりの子ども数の減少などの要因がある。家族規模が小さくなると，人間関係は単純化し，複数の人間関係の中で生じるあつれきや葛藤を回避できるプラスの側面がある。しかし，生活を営むためのさまざまな役割を少人数で担うため，病気や失業など不測の事態に陥った場合の役割代替が難しく，危機対処能力や機能遂行能力が弱まるというマイナス面にも直面している。

2）高齢者世帯の動向

　65歳以上の高齢者を含む世帯のうち，子や孫と同居する「三世代世帯」や「親と未婚子の世帯」は，1980年には6割を占める多数派であったが，2022年には3割以下まで縮小している。かつて主流だった三世代の暮らしから，夫婦のみ，ひとりで暮らす高齢者が多数派となり，子と同居しないライフスタイルが拡大している（図1-2）。

　子と同居する世帯では，三世代よりも成人した未婚子との同居が増えており，親の介護を未婚の子が担うケースも目立つようになった。しかし同居の割合が縮小したとはいえ，子と同居する高齢者世帯の実数は514万世帯（1980年）から746万世帯（2022年）に増えており，同居や介護の問題は拡大し多様化している。

　同居している子が必ずしも高齢者の生活を支えているわけではなく，逆に親の支援を受けているケースもある。パラサイトシングルや「子供部屋おじさん」，「8050問題」に代表される中高年の引きこもり者など，成人した子が経済面や日常の家事面で自立できず，高齢の親に依存する同居は，家庭内の問題にとどまらず，社会問題にもなっている。

3）子どものいる世帯の動向

　少子化の進行により，18歳未満の子がいる世帯数は減り続け，2022年には1000万世帯を下回った。全世帯に占める割合は18.3％に縮小している。家族構成としては「核家族」が大多数を占め，1980年の71.0％から2020年には86.7％に増えている。一方，祖父母を含む「核家族以外の世帯」の割合は28.8％から12.8％に減っており，子どもと祖父母などの親族が同居する世帯は減少の一途をたどっている。また，ひとり親と子の世帯が増え，子どものいる世帯の1割を占めるようになった。

　核家族が主流となり，子どもの数も減っていることから，家族の中で子どもが祖父母や両親，兄弟姉妹など複数のメンバーと関わる経験や，世代や年齢の異なる集団の中で協力

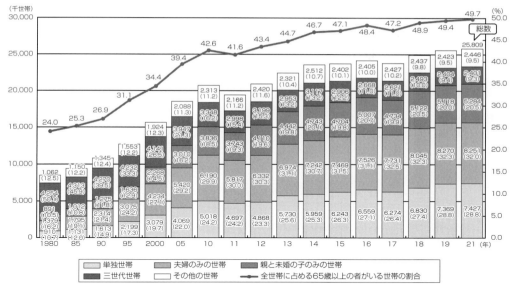

図1-2 高齢者のいる世帯数と構成割合，全世帯に占める高齢者のいる世帯の割合

資料：1985年以前の数値は厚生省「厚生行政基礎調査」，1986年以降の数値は厚生労働省「国民生活基礎調査」による。
注1）1995年の数値は兵庫県を除いたもの，2011年の数値は岩手県，宮城県及び福島県を除いたもの，2012年の数値は福島県を除いたもの，2016年の数値は熊本県を除いたものである。
注2）（　）内の数字は，65歳以上の者のいる世帯総数に占める割合（％）
注3）四捨五入のため合計は必ずしも一致しない。
注4）2020年は調査中止。

出典）内閣府「令和5年版高齢社会白書」，p.9（2023）

しあい，様々な情報や技術を相互に学びあう機会は縮小している。

（2）結婚・離婚をめぐる変化

　50歳までに一度も結婚したことのない人の割合（生涯未婚率）は，1920年の国勢調査では男性2.2％，女性1.8％に過ぎず，結婚しない人生はまれだったが，1970年頃から晩婚化・非婚化が進み始め，2020年には50歳時点の男性の28.3％，女性の17.8％が結婚していない。1970年代前半には毎年100万組以上が結婚していたが，1975年以降は減少に転じ，2021年には51万組まで半減している（図1-3）。かつて結婚は「家」を存続させるためのものであり，相手を選ぶのは親だったが，現代では，結婚するかしないか，どのような相手を選ぶかは本人同士が決めるものになっている。離婚や再婚への許容度もひろがり，結婚せずにパートナーと暮らすことや非婚シングルで子どもを持つこと，同性婚を望みパートナーシップ制度を利用するカップルなども見られるようになり，家族形成についての人生の選択肢は多様化している。

　離婚については，2002年の29万組をピークに減少に転じ，結婚しない男女が増えた影響を受け，離婚件数も離婚率も低下傾向にある。しかし，結婚20年以上の熟年離婚の割合は上昇傾向にあり，2022年には過去最高の21.8％となっている。

　平均寿命が延び，子育てや仕事などの社会的責任を終えてからの人生は長期化した。人

22　Ⅰ．生活経営

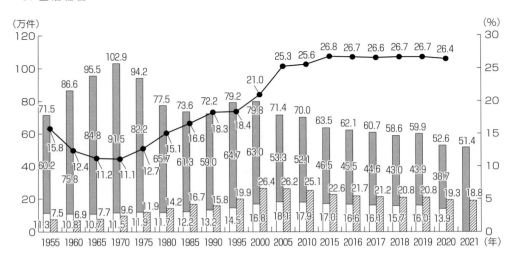

図1-3　婚姻・離婚・再婚件数の年次推移

注1）厚生労働省「人口動態統計」より作成。
注2）2021年の数値は，日本における外国人等を含む速報値。2021年の婚姻件数は，再婚件数と初婚件数の合計。

出典）内閣府：『令和4年版男女共同参画白書』，p.9（2022）

生100年時代を迎え，人生のラストステージを悔いなく生きたいと考え，70代，80代での離婚や再婚，あるいは初婚の選択をする人も増えていくかもしれない。

（3）子育てをめぐる変化

　子どもを産み育てることには，両親をはじめ，親族や近隣社会などの多くの人々が関わってきた。しかし，世帯規模が縮小して子育ての協力者が減り，都市化により地域社会や親族とのつながりも希薄化すると，多くの母親は孤立状態の中で子育てしなくてはならなくなった。身近に相談できる人がなく育児不安や育児ストレスを抱えて悩む母親が増え，児童虐待のリスクも高まった。一方，共働き世帯が多数派になり，保育所の整備が進められたが，潜在的待機児童数は増えており，学童保育の待機問題も解消していないため，第2子，第3子をあきらめるケースも少なくない。少子化の背景には，高額な子育て費用のほか，男性の育児参加をはばむ長時間労働や育児休業取得率の低迷など，子育てと就労を両立しにくい雇用環境の問題がある。さらに晩婚化によって，子育てと介護の時期が重なるダブルケア問題も生じている。家族が多様化する中で，安心して子どもを産み育てられる社会を目指し，子育ても就労も両立させる子育て支援施策が求められている。

ワークシート ● 家族とジェンダー平等について考えてみましょう

　SDGs（持続可能な開発目標）は2015年に国連サミットで採択された「持続可能な開発のための2030アジェンダ」に掲げられる世界共通の17の目標です。目標達成に向けて，政府や企業，地方自治体や学術研究機関だけでなく，消費者や労働者，生活者，地域社会の一人ひとりまで，すべての人の行動が求められる点が大きな特徴です。

　たとえば「ジェンダー平等の実現」を掲げる［目標5］は，家族の生活に大きく関わります。日本の社会には，男女間の不平等な役割分担や，女性の働きにくさなど，ジェンダーに関する問題が根強く存在し，未婚化や少子化の背景となっています。ジェンダー格差の縮小と平等の実現に向けて，どのような取り組みができるでしょうか。

作業1

　ジェンダー格差は，あなたにどのような問題をもたらすと思いますか。
　結婚，子育て，家族生活の視点から考えてみましょう。

作業2

　ジェンダー格差の解消に向けて，政府や企業はどのような取り組みを進めていますか。調べてみましょう。

作業3

　家族生活のジェンダー平等に向けて，あなたはどのような行動ができますか。
　個人の力でできること，他者と協力してできることを考えましょう。

3. 家族と法律

(1) 家族間の権利義務

　日常生活の中で，家族や親族間の権利や義務を意識する機会は少ないかもしれない。しかし，結婚，離婚，子どもの出生，子や老親の扶養，相続などをめぐって問題が生じたとき，トラブルへの対処や回避のために，法律の知識は大きな助けとなる。自らの生活についてはもちろん，専門職として人を援助する立場からも，正しい知識を身につけたい。

　本節では，民法に定められた家族の権利義務の内容を学ぶが，民法には「家族」の範囲についての規定はなく，「親族」について「6親等内の血族，配偶者，3親等内の姻族」と定めている（民法725条）。なお「親等」とは，親族関係の近さ・遠さを示す単位であり，近親者ほど数字は小さくなる。図1-4に親族の範囲と親等について示す。

1) 結婚をめぐる法律

　結婚を役所に届け出るのはなぜだろうか。恋人関係や同棲と異なり，婚姻届を出すことによって，同居・協力・扶助の義務，貞操を守る義務が生まれ，互いの財産や相続の権利も法律によって保護されるからである。事実婚や内縁など届け出のない関係では，明確な権利義務がなく，責任を負わなくてよい反面，配偶者としての権利は認められにくい。

　婚姻の成立には，結婚する2人の合意をはじめ，婚姻要件（表1-1）を満たす必要がある。これらの要件を満た

表1-1　婚姻の成立要件

①	満18歳に達していること（民法731条）
②	重婚でないこと（民法732条）
③	直系血族または3親等内の傍系血族との結婚でないこと（民法734条）

表1-2　婚姻によって生じる効果

①	夫婦間には同居・協力・扶助の義務がある（民法752条）
②	夫婦は共同生活に必要な費用を分担する（民法760条）
③	夫婦は互いに配偶者相続権をもつ（民法890条）
④	夫婦間の契約は一方的に取り消すことができる（民法754条）

して婚姻が成立すると，夫婦の間には共同生活上の権利義務関係が生じる（表1-2）。

2) 離婚をめぐる法律

　離婚の成立には互いの合意と離婚届の提出が必要である。離婚には「協議離婚」「調停離婚」「審判離婚」「裁判離婚」の4つの類型があるが，離婚件数の約9割は協議離婚が占める。その手続きは，夫婦の話し合い（協議）による合意があれば，離婚届の提出・受理によって離婚が成立するという手軽な方法をとっている。これに対して，夫婦の合意がない場合や，親権，養育費，財産分与などの条件面の協議がまとまらない場合には，家庭裁判所に「調停」を申し立てる。「調停」とは，双方の言い分を調停委員が聞き取り，協議をまとめる手助けをする制度で，暴力や脅迫により話し合いができない場合や，不利な条件で離婚を迫られる場合，対面での交渉を避けたい場合などには，調停の利用が望ましい。

3. 家族と法律　25

○：姻族（数字は親等を表す）
□：血族
　■ 尊属　　□ 卑属
網かけ：直系
◌◌◌は親族関係がないことを示す。

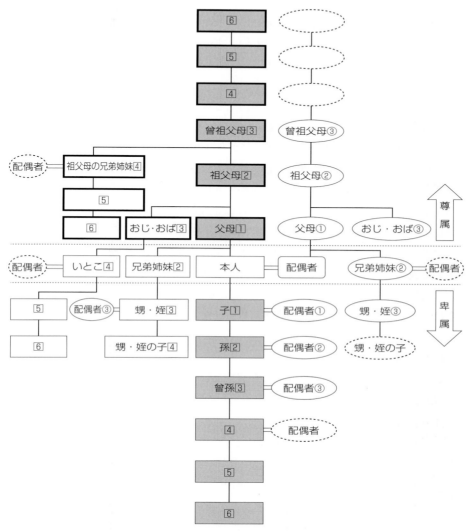

（注）すべての親族を記載したものではない。

図1-4　親族の範囲と親等
出典）田中千草ほか監修：『平成28年版図解民法（親族・相続）』，大蔵財務協会，p.6（2016）

　「調停離婚」は，離婚全体の8〜9％にあたり，調停が不成立に終わると，裁判官による審判に従うか，離婚訴訟を起こして法廷での判決に従う。離婚訴訟には一定の理由（法定離婚原因）が必要であり，① 配偶者の不貞，② 悪意の遺棄，③ 生死不明3年以上，④ 回復の見込みのない強度の精神病，⑤ その他婚姻を継続しがたい重大な理由，のいずれかに該当しなくてはならない。

26 I. 生活経営

夫婦の共有財産は離婚の際に分割されるが，それとは別に，離婚の原因をつくった側（有責配偶者）に対して，慰謝料を請求することができる。また，未成年の子がいる場合は，同居しない側の親は養育費を支払わなければならない。

3）親と子をめぐる法律

法律上の親子関係には，大きく分けて，血縁による実の親子関係と養子縁組による親子関係があり，どちらも権利義務は等しい。実子には，婚姻関係から生まれた嫡出子と，婚姻外で生まれた非嫡出子の区別があり，非嫡出子の相続権は長らく制限されていたが，2013年12月に民法の一部が改正され，両者の相続分は同等になった。

親は未成年の子に対して親権をもち，子どもは親の親権に従わなければならない。親権の内容には，① 子どもの監護・教育の権利と義務，② 居所指定権，③ 職業許可権，④ 法律行為の代理権，⑤ 財産管理権などがあり，義務と権利の両面をもつ。また，他者の介入を排除し，親による子育ての自律性を認めるという側面もある。

通常は両親が共同で行使するが，離婚する場合には，従来は父母のどちらかが親権をもつ「単独親権」だったが，2024年5月に改正民法が成立し（2年以内に施行），「単独親権」に加え，父母の双方が親権をもつ「共同親権」が導入された。

親子間の扶養については，親が未成熟な子を扶養する義務を負うのはもちろんだが，年老いた親に対して，すべての子が扶養義務を負う（民法877条）。その義務の程度は，親から未成熟子に対しては，親と同程度の生活を保障する義務（生活保持義務）であり，子からは，自分と家族の生活に余裕があれば援助する義務（生活扶助義務）である。

（2）　相続と遺言

死亡した者の遺産を受け継ぐことを相続といい，民法では，遺産を受け継ぐ相続人の範囲（法定相続人）と取り分（相続分）を規定している（図1-5）。

1）法定相続人

常に法定相続人になるのは，配偶者と子である。配偶者も子もいない場合は，① 直系尊属（父母や祖父母），② 兄弟姉妹，③ 甥姪，の順に相続人になる。また，法定相続人が死亡などの理由で相続できない場合，その子が代わりに遺産を受け継ぐ（代襲相続という）。

2）相　続　分

配偶者の相続分は，① 子と相続する場合は遺産の2分の1，② 直系尊属と相続する場合は3分の2，③ 兄弟姉妹と相続する場合には4分の3となる。これらの血族がいないときには，配偶者がすべて相続する。一方，子の相続分は，故人に配偶者がある場合は遺産の2分の1，配偶者がない場合は遺産のすべてを，子の人数で均等に分ける。孫が代襲相続する場合は，子の相続分をそのまま受け継ぐ。

なお，故人に特別な貢献をした相続人に対して，法定相続分に上乗せして遺産を分けることができる。この上乗せ分を寄与分といい，遺産総額から寄与分を除いた残りの遺産を法定相続どおりに分割し，特別に貢献した相続人に寄与分を上乗せする。ただし，法定相続人でない者は寄与分の対象にならないため，配偶者の親の生前に介護に尽力した場合で

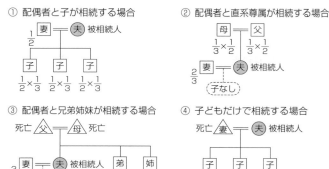

図1-5　法定相続分

注）夫が死亡した場合の法定相続

も，寄与分の恩恵はない。相続人以外の貢献に対しては「特別寄与料」という制度が2018年に新設されている。

3）遺　　言

遺言を作成しておくと，遺産を誰が受け継ぐかについて自分の意思を反映させることができ，15歳以上であれば誰でも遺言できる。相続のトラブルを回避するには，法律上有効な遺言書を作成しておくことが望ましい。子のない夫婦の場合，夫や妻の死後にその兄弟姉妹などが相続の権利を主張して，残された配偶者の生活を脅かすケースがある。このような場合，配偶者に全財産を残すことを遺言書に明記しておけば，故人の傍系親族からの遺産分割請求を退けることができる。

一方，法定相続人のうち配偶者と直系親族については，最低限の取り分を保障する遺留分という制度があり，どのような内容の遺言であっても，配偶者と子は法定相続分の2分の1，直系尊属は3分の1を遺留分として請求できる。

遺言の方式には，① 自筆証書遺言，② 公正証書遺言がある。①は，本人が全文を自筆で書き，作成の年月日と署名，押印を必要とするが，費用をかけずに誰でも書ける手軽さ・便利さがある。ただし，自筆かどうか，法律上の形式が備わっているか，内容は明確か，などの点で，後日争いになったり紛失のリスクもあるため，費用をかけても安全・確実な遺言を作成したい場合は②の方法が無難である。遺言書を発見したときは，ただちに開封せず，家庭裁判所で検認の手続きを行う。勝手に開封・閲覧すると法的効力を失う場合もあるので，注意が必要である。

なお2020年7月から，法務局による自筆証書遺言保管制度が始まり，遺言書の紛失や改ざんなどを防ぐ低額のサービスが登場した。今後の利用拡大が見込まれる。

（3）成年後見制度

認知症，知的障害，精神障害などの理由で判断能力が十分ではない人に対して，その財産や権利を保護するために，成年後見制度が設けられている。認知症などにより判断能力

が低下すると，不動産や預貯金の管理，介護サービスや施設入所の契約，遺産分割協議など，重要な手続きや契約を自らの判断で行うことは難しくなる。また，不利益な契約であってもよく判断できずに契約を結んでしまい，悪質商法の被害にあうおそれもある。この制度を利用することによって，判断能力が低下した本人に代わり，選任された援助者（成年後見人など）が，代理となって契約などの法律行為をしたり，契約の取り消しを行い，本人を保護・支援することができる。

法定成年後見制度は，本人の判断力の程度によって「後見」「保佐」「補助」の3種類に分けられる。「後見」は，判断能力が欠けているのが通常の状態の者を対象とし，「保佐」は，判断能力が著しく不十分な者，「補助」は，判断能力が不十分な者を対象とする。本人の意思決定を助ける親族がいない場合や，親族が本人の権利や財産を侵害する場合には，成年後見制度を活用したい。

家族観の変容と介護[3]

日本人の家族観は，第二次世界大戦後に新憲法の制定，民法改正などの改革を経て，大きく変容しました。「長男は親と同居すべきである」という規範も例外ではありません。戦前の「家」制度の下では，長男は「家」の財産を単独相続する権利と親の扶養義務を負い，長男夫婦は，親と同居して日常生活の世話を行い，病気になれば介護をして親のために尽くすことが法律上も慣習上も当然と見なされていました。

ところが，戦後に「家」制度が廃止され，性別や出生順による一切の差別が取り払われると，民法上はどの子にも等しく相続の権利が与えられ，親の扶養の義務も平等となりました。この結果，同居や介護の苦労を引き受けた子も何もしなかった子も，相続において同等の権利をもつことになり，核家族化を背景に，「同居や介護は割に合わない」という意識を生み出しました。

特に女性は，妻の立場で夫の親の介護を担っても相続権はなく，夫の親よりも自分の親を介護したいと考えるのは当然のなりゆきともいえます。「親の介護は実子で」と考える傾向も強まっており，「長男家族と同居して嫁に介護してもらいたい」という高齢の親世代の期待は，介護を担う子世代には受け入れにくいものとなっています。介護の担い手をたずねた国民生活基礎調査の結果からも，2001年には嫁（義理の娘）が最も多く31％でしたが，2019年には妻（28％），娘（20％），息子（18％），夫（16％），嫁（13％）の順になり，配偶者と実子が中心になっていることがわかります。

未婚化や少子化，家族規模の縮小，既婚女性の就労化など，社会の変化は家族による介護をますます難しくさせ，いやおうなく介護の外部化を推し進めています。これまで順ぐりに家族の介護を担ってきた高齢世代にとっては，嫁の介護離れや介護サービスの利用，施設入所などに対して納得しがたい思いがあるかもしれません。

支援者として家族に介入する場合には，両世代の家族観に理解を示しつつ，家族の介護力を維持するためにも，介護・福祉サービスを活用することのメリットを伝え，専門職ならではの質の高い介護サービスを提供していくことが求められます。

ワークシート ● 家族・親族に関する用語の意味を確認しましょう

作業

次の囲みの中の家族・親族に関する用語の意味を調べましょう。

| 1．親族 | 2．血族 | 3．姻族 | 4．親等 |
| 5．直系親族 | 6．傍系親族 | 7．尊属 | 8．卑属 |

ワークシート ● 事例から，相続・遺言について考えてみましょう

作業

以下の事例を読み，設問に答えましょう。

〈事例2〉
渡辺さん夫妻には子どもがいません。妻の竹子さん（82歳）には，夫以外に身寄りはなく，夫の秀次さん（79歳）は，亡くなった妹の子ども（甥と姪）と，年賀状程度の付き合いが続いています。竹子さんは，去年夫を亡くした知人から，葬儀のあと夫の甥から遺産を請求され，長年住んだ家を処分することになったと聞きました。自分も同じ境遇になるのではないかと不安ですが，甥や姪を可愛がっていた夫には悩みを打ち明けていません。

① 夫婦が住む家と土地は秀次さん名義，土地家屋の資産価値を2,000万円として，秀次さんが亡くなったら，竹子さんと夫の甥・姪たちの法定相続分はいくらになるのか，計算してみましょう。

② 竹子さんの不安を取り除くために，秀次さんに遺言作成を提案します。
　a．秀次さんに遺言作成の必要性を納得していただくには，どのような働きかけや伝え方をすればよいでしょうか。また遺言がない場合にどのような困りごとが起こる可能性があるか，困りごとを回避するにはどのような手立てがあるかを考え，グループで話し合ってみましょう。
　b．竹子さんの不安を解消する遺言の内容を考え，ひな型をつくってみましょう。

ワークシートの考え方

援助対象者が家族の問題に困っているとき，相談を受けたらどのような対応ができるでしょうか。対象者の悩みや不安の軽減，問題解決への援助として，法律の基本知識を活用して，どのような支援ができるかを考え，他の専門職との協力も視野に入れて支援内容を組み立てましょう。

4. 生 活 史

（1） 生活史の意義と効果

　福祉や介護，看護の現場で，援助やケアの対象として出会う人々に対して，どのような援助やケアが必要なのかを探るために，援助の専門職はさまざまな情報を集める。現在の問題状況や病状，障がい状況，ADL，家族の状況などを知るだけでなく，これまでの生活，人生をどのように生き，経験を重ねてきたのか，その生活史を知ることによって，対象者とその問題状況への理解を深め，問題改善に向けたより質の高いケアの提供や自立の支援が可能となる。

　生活史とは，個人の生活の歴史であり，社会福祉領域では，児童，高齢者，障がい者，生活困窮者などの理解や生活問題のアセスメント，支援計画の作成に不可欠な情報・資料として活用される[4]。また，看護領域では，高齢者に生活史を語ってもらうことにより，表情の変化，日常生活の活動力や意欲に変化がみられ，過去を振り返ることで，自尊感情の高まりや自己肯定がみられること，生きる力を強め，問題解決によい影響があることが報告されている[5]。

　このように，生活史は，個別理解を深め，ケアに生かせる個人情報や個別ケアの手がかりをもたらす効果があるのみならず，語り手にとっても，自尊感情や自己肯定にプラスの効果があり，QOLの向上が期待できる。

　一方，ケアに携わる専門職でなくとも，他者の生活史を聞き取るという取り組みは，相手のことを知り，その体験や思いに耳を傾けたり，思いがけないエピソードに驚いたり，笑ったり，一緒に涙を流したりすることを通して，聞き手と語り手の距離を縮め，コミュニケーションを深める一助になり，語り手との間に信頼関係を構築していく上でも有益な取り組みといえる。

（2） 生活史の聞き取り

　インタビューにより生活史を聞き取ることを通して，語り手だけでなく，似通った境遇や環境のもとにある人々への理解を深めることができる。ここでは，インタビューの実施にあたり，必要な事前準備と，インタビューでの留意点，事後学習の手順について学ぶ[6]。

1）インタビューに先立つ準備

　インタビューを実施する前に，語り手の年齢に応じて，その時代や地域の特徴についての知識を得ておくと，質問が具体的になり，話が理解しやすくなる。実際にインタビューを行った学生に感想を聞くと，事前準備の不十分さを悔やむものが多いため，以下の①～⑤に示す事前学習や準備を行った上で，インタビューに臨むことをすすめたい。

　　①　社会の大きな動きや歴史的な事件・災害・戦争などについて，語り手が何歳の時に起きたものかを年表上にまとめる。流行や風俗，娯楽，家電製品の登場などについても，年表上にメモしておくと，具体的な体験の記憶を引き出すために役に立つ。

表1-3　生活史を聞くインタビューの質問項目例

生い立ち	出生年・出生地・家族構成・名前の由来・家業・暮らしぶり
遊びや手伝い	何をして遊んだか，家庭や地域での手伝い
学校生活	学校での出来事，友だちとの関係，好きな教科，学校行事
衣食住	主食や副食，おやつ，冠婚葬祭のご馳走，食卓，食事作法，しつけ　和服か洋服か，手製か既製品か，履き物（下駄・わらじ・ズック）　住宅の造り・間取り，水道か井戸か，風呂の有無・入浴頻度，トイレ，電化製品
職業・仕事	何歳で就職したか，職業歴，仕事の苦労・やりがい・楽しみ
結婚・恋愛	何歳で誰と，結婚のいきさつ，見合いか恋愛か，結婚式や披露の形態（服装・場所），結婚費用や家財の準備はどうしたか，結婚観について
家族	夫婦・親子の関係，親族・嫁姑関係の苦労の有無，勢力関係
家庭での役割	家事，育児，介護，近所づきあい
子ども	人数，子育ての苦労や忘れられない思い出
戦争や災害の体験	戦災・被災の体験，身近な人の戦死，窮乏生活の困難，生活再建の苦労
これまでを振り返って	もっとも楽しかった（嬉しかった，悲しかった，残念だった…）こと

② 語り手が暮らす地域の気候や地理，産業，伝統行事，食文化などを調べ話題を広げる。

③ 図書館や博物館，インターネットを利用して，映像・写真・現物から，語り手の暮らしのイメージをもっておくと，語られる内容を理解しやすい。

④ 話の中に多くの関係者が登場するケースでは，知る範囲で家族・親族・知人・友人などの関係図をつくっておくと，話題にあがった人物との関係が把握しやすくなる。

⑤ 聞きたいことはあらかじめリストを作成し，関連する事項ごとにまとめておく。

2）何を聞くか

　語り手を知ることに主眼を置く場合は，語り手の大切な思い出やエピソードならば，何であれ，聞いてみる価値はある。語り手が高齢者ならば「昔のお話を聞かせていただけますか」などの問いかけから始め，若い世代，たとえば，子育てに悩むお母さん自身の生活史を把握したいなら，「あなたの生い立ちや子どもの頃のご両親との思い出を聞かせてください」とお願いしてみるとよい。話したがらない事項は深追いせず，相手が語りやすい話題を選ぶ。質問項目の例を表1-3に示す。

3）インタビューの実施と記録の編集

　語り手に，インタビューの目的と，記録を作成し学習のために活用することを説明して承諾を得る（録音にも承諾が必要である）。語り手の事情や体調を優先し，何回かに分けて聞いてもよい。語り手のペースを尊重し，傾聴と共感的な応答を心がける。語られた内容を筆記して記録化する場合，時系列に，関連する事項ごとに並べ替えるなどの編集を行い，情報を共有する際には，必要に応じて個人情報にイニシャルや仮名を用い，内容の取捨選択を行う。

ワークシート ● 身近な高齢者に生活史を語っていただくインタビューを行ってみましょう

作業1

語り手がたどった時代についての基本的な情報を得るために，インタビューの前に，あらかじめ以下の年表に語り手の年齢を入れてみましょう（生まれた年の年齢欄に0（歳）と記入し，年齢をおおよそ10歳ごとに書き入れます）。

西暦(年)	元号(年)	社会の主な出来事	年齢	語り手に起きた出来事
1923	12	関東大震災		
1925	14	ラジオ放送開始		
1926	昭和元	大正天皇没・昭和天皇即位		
1927	2	金融恐慌		
1929	4	世界大恐慌		
1931	6	満州事変勃発		
1937	12	日中戦争勃発		
1939	14	第2次世界大戦勃発		
1941	16	太平洋戦争勃発		
1945	**20**	**東京大空襲**　**広島・長崎原爆投下，終戦**		
1946	21	戦後の窮乏生活		
1947	22	日本国憲法施行		
1950	25	朝鮮戦争による特需景気		
1953	28	テレビ放送開始		
1956	31	神武景気		
1959	34	皇太子ご成婚		
1961	36	人類初の有人宇宙飛行		
1964	39	東京オリンピック・パラリンピック		
1972	47	沖縄本土復帰		
1973	48	第1次石油危機・物価高騰		
1986	61	男女雇用機会均等法施行		
1989	平成元	昭和天皇没・平成天皇即位		
1990	2	バブル経済崩壊		
1995	7	阪神・淡路大震災		
1997	9	介護保険法成立		
2000	12	年金制度改正法成立		
2001	13	アメリカ同時多発テロ事件		
2007	19	世界金融危機		
2011	23	東日本大震災		
2016	28	熊本地震		
2019	令和元	平成天皇退位，今上天皇即位		
2020	2	新型コロナウイルス大流行		
2021	3	東京オリンピック・パラリンピック		
2024	6	能登半島地震		

作業2

語り手の生きた時代をイメージするために，電気・ガス・水道・電話などの設備や生活必需品の普及率を調べましょう。参考として下に耐久消費財の普及率の図を示します。

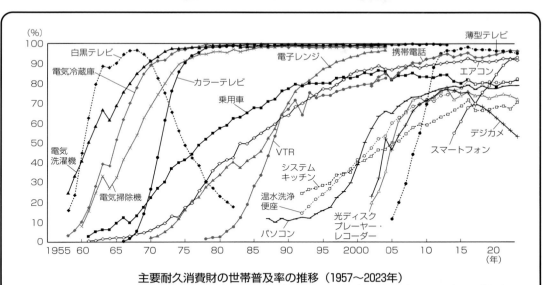

主要耐久消費財の世帯普及率の推移（1957～2023年）

注）二人以上の世帯が対象。1963年までは人口5万人以上の都市世帯のみ。1957年は9月調査，58～77年は2月調査，78年以降は3月調査。05年より調査品目変更。多くの品目の15年の低下は調査票変更の影響もある。デジカメは05年よりカメラ付き携帯を含まず。薄型テレビはカラーテレビの一部。光ディスクプレーヤー・レコーダーはDVD用，ブルーレイ用を含む。カラーテレビは2014年からブラウン管テレビは対象外となり薄型テレビに一本化。

出典）社会実情データ図録：「主要耐久消費財の世帯普及率の推移」

作業3

インタビューを通して知った，語り手に起きた出来事（例えば入学，卒業，就職，結婚，出産，子どもの入園入学……卒業，就職，親の死亡……など）を年表上にメモしましょう。

作業4

インタビューを記録したあとに，グループでの意見交換を行いましょう。各自がインタビューした生活史の記録を，5人程度のグループに分かれて互いに読み，感じたことや気づいたこと，疑問点についてディスカッションを行い，それぞれの気づきや学びを共有化しましょう。

 生活史と生活歴の違い

アメリカの看護学者レイニンガー（Leininger,M.M.）によれば，「生活史の聴取は，個人の思考と経験を年代的な流れをおってその人の独自の視点からとらえる専門的な方法であり，個人の主観的・客観的生活経験をその人の記憶や回想をもとに自己開示させる方法」[7]であるといいます。つまり，生活史には，語り手本人がその出来事や体験をどうとらえているか，という語り手の視点が含まれるのに対して，生活歴は，個人の体験を時系列に沿って客観的に記述し，語り手の視点は含まない点で異なっています。

5. 家　　　計

（1）国民経済の一主体としての家計

　経済とは，生活に必要なモノやサービスの生産・流通・交換・分配・消費する活動のことをいう。また，これらの経済活動を通じて形成されるのが経済社会である。

　この経済社会の中で，国内の経済活動は，国民経済の3主体（政府・企業・家計）によって担われている。また，外国と財・サービスやお金を交換することを貿易という。この貿易により，多くの国の国民経済を結びつけることで，国際経済が形成されている。（図1-6）

　一方，国民経済の一主体としての家計は，消費活動により，企業が生産した商品やサービスを購入し，その代金を企業に支払う。同時に，家計は，企業（政府）に労働力を提供することで，賃金を得ている。また，政府（国や市町村など）に税金を支払い，政府からは，各種の公共サービスなどが提供されている。

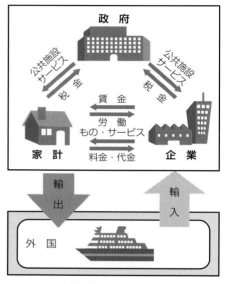

図1-6　国民経済の3主体と国際経済

　3つの経済主体を金融面から支えているのが，銀行や郵便局などの金融機関である。

（2）家　　　計

1）家計とは

　家族・個人は，収入労働と家事労働によって，日々の暮らしを営んでいる。つまり収入労働によって賃金を得て，無償労働としての家事によって生活のためのさまざまなサービスを得ることで生活している。家計とは，このお金に換算できない家事労働を除いた収入労働によって得られた収入により消費活動を営んでいる家庭（世帯）の経済活動のことをいう。

2）家計の収入（給料明細書の例から）

　表1-4は，ある福祉施設の常勤職員（専門職）のTさんの給料明細書である。この明細書では，基本給のほかに各種手当が入って給料支給額となっている。この支給額から税金（所得税・住民税）や社会保険料〔厚生年金保険料・健康保険料・雇用保険料・介護保険料（40歳以上）〕が差し引かれた金額が振込み支給額となっている。つまり，ここでは給料支給額から，税金や社会保険料などの非消費支出を支払った残りの金額が可処分所得，いわゆる手取り収入ということになる。

5. 家　　計　　*35*

表1-4　Ｔさんの給料明細票

```
（支給額）
    基本給          210,900
    資格手当         12,000
    住宅手当          8,000
    通勤手当          2,300
    夜勤手当         28,000
    その他手当       30,800
        計         292,000

（控除額）
    所得税           4,170
    住民税          10,100
  厚生年金保険料     27,450
    健康保険料       14,565
    雇用保険料          876
    介護保険料        2,700
        計          59,861

（振込支給額）    232,139円
```

表1-5　主な税金の種類

		直接税	間接税
国税		所得税，法人税，相続税，贈与税など	消費税，酒税，たばこ税，関税など
地方税	都道府県税	道府県民税，事業税，自動車税など	地方消費税，道府県たばこ税，ゴルフ場利用税など
	市町村税	市町村民税，固定資産税，軽自動車税など	市町村たばこ税，入湯税など

出典）国税庁 HP：「税の学習コーナー」

　また，ここでの税金は，直接税として所得税・住民税を支払っている。なお，税金の分類方法は次の3通りがある。① どこに収めるかによる分類〔国「国税」，地方公共団体「地方税」「都道府県税」「市町村税」〕，② 納め方による分類（税を納める人と負担する人が同じ場合「直接税」，異なる場合「間接税」），③ 何に対して課税するかによる分類（個人や会社など「所得課税」，消費やサービスの提供など「消費課税」，資産など「資産課税など」）がある。一方，社会保険料には，老齢・死亡・障害時のための国民年金・厚生年金保険料，医療費などのための健康保険料，失業時の生活保障などのための雇用保険料がある。その他，40歳以上の人には，介護サービス・介護費用のための介護保険料がある。

3）家計の構造

　表1-6は，総務省「家計調査」による勤労者世帯の家計収支分類項目の一覧である。家計の構造は，「受取」と「支払」からなり，受取総額と支払総額は，同額となる。

　「受取」は，① 実収入（いわゆる税込み収入であり，世帯員全員の現金収入を合計したもの）と② 実収入以外の受取（繰入金を除く。いわば「見せかけの収入」であり現金が手元に入るが，一方で資産の減少，負債の増加を伴うもの），③ 繰入金（前月から持ち越した世帯の手持ち現金）からなり，「支払」と一致している。

　「支払」は，① 実支出（消費支出：いわゆる生活費のことであり，日常の生活を営むに当たり必要な商品やサービスを購入して実際に支払った金額）と非消費支出（税金や社会保険料など原則として世帯の自由にならない支出）と，② 実支出以外の支払（繰越金を除く，いわば「見せかけの支出」で，手元から現金が支出されるが，一方で資産の増加あるいは負債の減少を伴うもの），③ 繰越金（当月末における世帯の手持ち現金）からなり，「受取」と一致している。

36　Ⅰ. 生活経営

表1-6　「家計調査」収支分類項目一覧

受　取
実収入
経常収入
勤め先収入
世帯主収入
世帯主の配偶者の収入
他の世帯員収入
事業・内職収入
他の経常収入
財産収入
社会保障給付
仕送り金
特別収入
受贈金
他の特別収入
実収入以外の受取（繰入金を除く）
預貯金引出
保険金
個人・企業年金保険金
他の保険金
有価証券売却
土地家屋借入金
他の借入金
クレジット購入借入金
財産売却
実収入以外の受取のその他
繰入金
繰入金
支　払
実支出
消費支出
食料
住居
光熱・水道
家具・家事用品
被服及び履物
保健医療
交通・通信
教育
教養娯楽
その他の消費支出
非消費支出
実支出以外の支払（繰越金を除く）
繰越金

出典）総務省統計局：「家計調査　家計収支編　収支項目分類一覧〔2020年（令和2年）1月～〕」を加工して作成

　また，「実収入」から税金，社会保険料などの「非消費支出」を差し引いた額が「可処分所得」で，いわゆる手取り収入のことである。「実収入」と「実支出」との差は，プラスの場合は「黒字」，マイナスの場合は「赤字」ということになる。これは「可処分所得」から「消費支出」を差し引いた額とも同じである。

　その他，生活水準を表す指標の一つとして，消費支出に占める食料費の割合を表すエンゲル係数〔「エンゲルの法則」（エンゲル係数が高いほど生活水準が低くなる）から次の計算方法で表すことができる。食料÷消費支出×100＝○○％〕がある。

4）多様な家計

　私たちは，多様な家計の中でさまざまな経済生活を営んでいる。総務省「家計調査」では，一般世帯（施設等の世帯および学生の単身世帯を除く世帯）を対象として，すべての世帯を世帯主の職業により「勤労者世帯」，「無職世帯」，「勤労者・無職以外の世帯」に区分している。さらに，家計分析を有効に行うために，世帯類型を「二人以上の世帯」と「単身者世帯」に分け，前者を「夫婦のみ世帯」「夫婦のみの世帯又は夫婦と未婚の子供から成る世帯」「夫婦のみの世帯又は夫婦と未婚の子供から成る世帯のうち夫（24歳以下）が世帯主の世帯」などの13種類に，後者を「男性単身者世帯」「女性単身者世帯」に分類している。[8]このように多様な世帯の中で営まれている家計には，それぞれの経済生活の特色をみることができる。次頁の図は，「勤労者世帯」と「65歳以上の夫婦のみ無職世帯」と「65歳以上の単身無職世帯」の家計状況である。なお，2023年の調査では，勤労者世帯の平均世帯人員は3.23人，平均有業人員は，1.78人，世帯主の平均年齢は50.4歳である。

5. 家 計 37

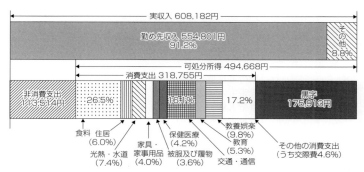

図1-7 二人以上の世帯のうち勤労者世帯の家計収支（2023年）

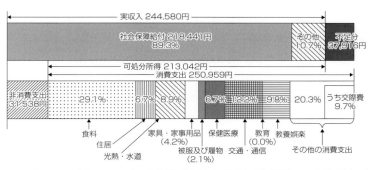

図1-8 65歳以上の夫婦のみの無職世帯（夫婦高齢者無職世帯）の家計収支（2023年）

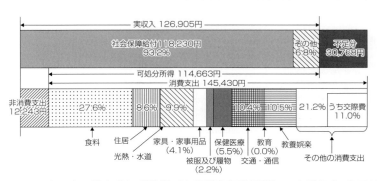

図1-9 65歳以上の単身者無職世帯（高齢単身無職世帯）の家計収支（2023年）

〔図1-7, 図1-8, 図1-9〕
注1）図中の「社会保障給付」及び「その他」の割合（％）は，実収支に占める割合である。
　2）図中の「食料」から「その他の消費支出」までの割合（％）は，消費支出に占める割合である。
　3）図中の「消費支出」のうち，他の世帯への贈答品やサービスの支出は，「その他の消費支出」の「うち交際費」に含まれている。
　4）図中の「不足分」とは，「実収入」と「消費支出」及び「非消費支出」の計との差額である。
　　出典）総務省：「家計調査報告〔家計収支編〕2023年（令和5年）平均結果の概要」, p.12, p.18（2023）
　　　　URL：https://www.stat.go.jp/data/kakei/sokuhou/tsuki/pdf/fies_gaikyo2023.pdf

38　I. 生活経営

ワークシート ● 入院患者の小野さんが家計を心配している理由を考えてみましょう

世帯主50歳代の家計（例）
用途分類による1世帯当たり1か月間の収入と支出

受　　取	
I　実　収　入	
経　常　収　入	
★　勤　め　先　収　入	556,580
★　事業・内職収入	5,007
★　財　産　収　入	1,195
★　社会保障給付	36,344
★　仕　送　り　収　入	611
特　別　収　入	
★　特　別　受　贈　金	2,346
★　他　の　特　別　収　入	7,822
II　実収入以外の受取（繰入金を除く）	
★　預　貯　金　引　出	336,871
★　保　険　取　金	7,020
★　有　価　証　券　売　却	526
★　土　地　家　屋　借　入　金	2,149
★　他　の　借　入　金	1,135
★　クレジット購入借入金	108,633
★　財　産　売　却	172
★　実収入以外の受取のその他	926
III　繰　入　金	217,278
支　　払	
I　実　支　出	
1.　消　費　支　出	
★　食　　　　　料	85,765
住　　　　　居	
★　家　賃　地　代	11,110
★　設　備　修　繕・維　持	7,681
光　熱・水　道	
★　電　気　代	10,984
★　ガ　　ス　　代	4,730
★　他　の　光　熱	935
★　上　下　水　道　料	5,130
★　家具・家事用品	12,960
（調整値）	
被　服　及　び　履　物	
★　洋　　　　　服	4,654
★　履　　　　　物　　類	1,776
★　そ　の　他　の　被　服　履　物	5,078
保　健　医　療	
★　医　　薬　　品	2,397
★　そ　の　他　の　保　健　医　療	8,207
★　保　健　医　療　サ　ー　ビ　ス	3,015
交　通・通　信	
★　交　　　　　通	6,837
★　自　動　車　等　関　係　費	31,091
★　通　　　　　信	13,374
教　　　　　育	
★　授　　業　　料　　等	13,390
★　そ　の　他　の　教　育	4,350
教　養　娯　楽	
★　教養娯楽用耐久財	2,446
★　教　養　娯　楽　用　品	7,993
★　書籍・他の印刷物	2,512
★　教　養　娯　楽　サ　ー　ビ　ス	18,250
そ　の　他　の　消　費　支　出	
★　諸　　雑　　費	26,335
★　交　　際　　費	14,558
★　仕　　送　　り　　金	6,809
★　そ　の　他	6,790
2.　非　消　費　支　出	
直　接　税	
★　勤　労　所　得　税	19,820
★　個　人　住　民　税	19,555
★　他　の　税	7,333
社　会　保　険　料	
★　公　的　年　金　保　険　料	39,190
★　健　康　保　険　料	21,735
★　介　護　保　険　料	3,810
★　他　の　社　会　保　険　料	2,276
★　他　の　非　消　費　支　出	74
II　実支出以外の支払（繰越金を除く）	
★　預　貯　金	494,632
★　保　険　料	21,001
★　有　価　証　券　購　入	3,916
★　土　地　家　屋　借　金　返　済	38,651
★　他　の　借　金　返　済	2,016
★　クレジット購入借入金返済	92,165
★　財　産　購　入	4,954
★　実支出以外の支払のその他	762
III ★　繰　　　越　　　金	193,568

出典）総務省統計局：「家計調査年報」
　（家計収支編，第6-1表　二人以
　　上の世帯のうち勤労者世帯）
（2023）URL：https://www.e-stat.go.jp/stat-search/files?stat_infid=000040179969

　　肺がんと診断され，1週間前から入院してきた小野良一さんは，入院当初から「家計が心配だ」と周囲にもらしています。

　　世帯主が50歳代（学生の親の世代）の平均的な家計を理解することで，がんで入院している小野さんが，なぜ家計を心配しているのかを作業1〜4に取り組み，考えてみましょう！

勤労者世帯の概要	
世帯主の年齢	50.3（歳）
世帯人員	3.23（人）
世帯主の配偶者のうち女性の有業率	55.9（%）
持ち家率	81.8（%）

＊ワークシート中のエクセルファイルはダウンロードできます。ダウンロード方法は本書「まえがき」の裏に表記しております。

作業1　左表は，総務省統計局「家計調査年報」の勤労者世帯（世帯主50歳）の年平均1か月あた

	実収入 I		実収入以外の受取 II		繰入金 III	
勤 め 先 収 入	556,580					
事業・内職収入	5,007					
計			計		計	

受取総額　　　　　　　　円

作業2　家計の分類作業を実施して，家計の構造について理解できたことを記述してみましょう。

作業3　左表の世帯主50歳の家計の特徴を，「家計調査年報」第3-2表を参照して，他の世代

作業4　がんで入院している小野さんが，家計を心配している理由について，あなたの考えを記述

5. 家 計

入院患者の小野良一さん（男性・52歳・サラリーマン，現在，休職中）は，肺がんと診断され，抗がん剤治療のため1週間の入院。その後，3週間自宅療養し，再度1週間入院して抗がん剤治療（3回）の予定である。小野さんは，1回の入院に約10万円の治療費がかかるという。高額療養費制度もあるが，個人的な民間医療保険には加入していなかったため「家計が心配」だと周囲の人に不安を漏らしている。

実習生の小林由紀さんは，家計についてよく知らないため，入院患者の小野良一さんが，なぜ，家計を心配しているのか理解できない。

りの家計収支です。左表の★印の金額を右表にそれぞれ転記してみましょう。

実支出 Ⅰ		実支出以外の支払 Ⅱ	繰越金 Ⅲ
消費支出 1	非消費支出 2		
		預 貯 金	
計	計	計	計

可処分所得　　　　　円　　　支払総額　　　　　円

との比較から記述してみましょう。

してみましょう。

ワークシート ● 高齢者無職世帯の家計状況について調べてみましょう

〈事例〉

実習生の秋山さんは，居宅実習で，利用者の斎藤はなさん宅を訪問することになりました。斎藤さんは，現在，一人暮らしで収入は年金が主だということでした。秋山さんは，実習にあたり，斎藤さんの家計状態について，同じような高齢者世帯の平均的な家計から推測したいと思いました。

作業1

総務省統計局「家計調査報告〔家計収支編〕2023年（令和5年）平均結果の概要」から「二人以上の世帯のうち勤労者世帯の家計収支」（図1-7，p.37），「65歳以上の夫婦のみの無職世帯（夫婦高齢者無職世帯）の家計収支」（図1-8，p.37），「65歳以上の単身無職世帯（高齢者単身無職世帯）の家計収支」（図1-9，p.37）の各数値（円・％）を下表に転記してみましょう。

表　勤労者世帯と高齢者世帯の家計

消費支出に占める割合（％）から自動計算（円）

	二人以上の世帯のうち勤労者世帯	単位	65歳以上の夫婦のみの無職世帯	単位	65歳以上の単身無職世帯	単位
実収入		円		円		円
勤め先収入 社会保障給付		円		円		円
その他		円		円		円
可処分所得		円		円		円
非消費支出		円		円		円
消費支出		円		円		円
食料	％	円	％	円	％	円
住居	％	円	％	円	％	円
光熱・水道	％	円	％	円	％	円
家具・家事用品	％	円	％	円	％	円
被服及び履物	％	円	％	円	％	円
保健医療	％	円	％	円	％	円
交通・通信	％	円	％	円	％	円
教育	％	円	％	円	％	円
教養娯楽	％	円	％	円	％	円
その他の消費支出	％	円	％	円	％	円
不足分		円		円		円

作業2

作業1で作成した表から，高齢者単身無職世帯の家計の特徴を記述してみましょう。

＊　ワークシート中のエクセルファイルはダウンロードできます。ダウンロード方法は本書「まえがき」の裏に表記しております。

6. ライフプラン（生活設計）

　人生100年時代といわれる今日の日本では，個人が金融リテラシーを身につけて生涯安定した経済生活を送ることが求められている[9]。金融リテラシーとは，経済的に自立し，より良い生活を送るために必要なお金に関する知識や判断力のことで，「最低限身に付けるべき金融リテラシー」として① 家計管理，② ライフプランの明確化，③ 金融と経済の基礎知識と金融商品を選ぶスキル，④ 外部の知見の適切な活用，の4分野があげられている[10]。これらのうち，個人が生涯安定した経済生活を送るために個々の家計に求められるのは，まず，家計管理の実施とライフプランを明確にすることである。

　家計管理とは，家計のフロー（収入・支出）とストック（貯蓄・負債）を把握した上で，短期的には，収入と支出のバランスを図りながら，長期的には，目標に従って貯蓄（資産形成）をしていくことである。この目標を立てるために不可欠なのがライフプランである。ライフプランを作成することにより，将来どのような生活を実現したいのか，そのための具体的な計画と予算立てをすることで，各ライフステージ毎にかかる費用や生涯家計の3大費用である「教育費」「住宅の購入費」「老後の生活費」のほか，緊急時や臨時の支出に備えることができる。

　特に超高齢社会における老後の生活費は，公的年金を柱としながら不足分を貯蓄で補うことが必要となってくる。金融庁は，老後に必要な貯蓄「資産寿命」（老後の生活を営んでいくにあたって，これまで形成してきた資産が尽きるまでの期間）を延ばすことを提唱している[9]。資産寿命を延ばすためには，① 老後生活費の支出を減らすこと，② 定年退職後の収入を確保すること，③ 金融資産や実物資産の運用（貯蓄や投資）をすることなどの方法が考えられる。ただし，投資については，"ハイリスク・ハイリターン"（損失の危険が大きいほど，高い利益を期待できる）の原則を心得ておく必要がある。2070年に高齢化率は38.7％と2.6人に1人が高齢者となると推計されている[11]。今日の若い世代には，親世代，祖父母世代よりもライフプランの必要が高まっており，資産寿命を延ばす努力が求められている。

ワークシート ● あなたのライフプランを作成してみましょう

　将来にわたり安定的な経済生活を実現するために，ここでは，公益財団法人生命保険文化センターの「e-ライフプランニング」を利用して，あなたのライフプランニングを作成してみましょう。入力した内容から，あなたの描くライフプランニングが図表などで自動的に作成され，あなたの短期の収支バランスや長期の生涯家計の3大費用等のための預貯金等の準備やリスクに対する保険の必要性などについても考えることができます。

作業

① 公益財団法人生命保険文化センター「e-ライフプランニング」を検索・開きます。

② e-ライフプランニングを使用し，自分のライフプランを作ります。

③ 結果図表を印刷して，あなたのライフプランについて感想を記述してみましょう。

7. 消費者問題

（1） 経済社会の変化と消費者問題

　私たち消費者は，生産者との取引過程でさまざまなトラブルに巻き込まれる可能性がある。時代の変化とともに消費者問題も変化してきている。2013年に美白化粧品による白斑問題が発生し，自主回収が行われ，被害者への補償が問題となった事件では，化粧品の安全性が問われた。振袖レンタル業者の突然の営業停止によるトラブルや，実質無料で歯科矯正ができるモニター契約をしたのに高額な費用を払い，治療が中断されるトラブルも記憶に新しい。

（2） キャッシュレス化による問題

　近年では電子マネーやクレジットカードによる決済が一般化し，現金の受け渡しのない取引であるキャッシュレス化が進展している。クレジットカードでは，その無計画な使いすぎによって複数の金融機関から借金を重ね，利息がかさみ，返済が困難な状態となる多重債務に陥り，自己破産せざるを得ないケースも増えている。クレジットカードの使用に関しては，その購入と決済のタイムラグに注意が必要である。電子マネーには「交通系」「流通系」「クレジットカード系」「QRコード決済系」などの種類がある。仕組みをよく理解した上で利用したい。

（3） さまざまな手口を使う問題商法

　代表的な消費者問題として，さまざまな手口を使う問題商法（悪質商法ともいう）がある。情報や予備知識の少ない消費者は，事業者による広告や勧誘を受けて本来必要のない契約を結び，借金を抱えてしまうケースもある。まずは，表1-7に示す問題商法の手口などをよく理解しておくことが必要である。問題商法では特に高齢者は，「お金」「健康」「孤独」に関する大きな不安をもっているため，そこにつけ込まれて被害にあいやすい。家族や地域の人々も含めて見守り，気づき，相談にのっていくことで被害を減らしたい。

（4） 消費者のための法律や制度

　1968年には「消費者保護基本法」が制定され，2004年には改正され「消費者基本法」が成立した。問題商法で被害にあった場合には「クーリング・オフ制度」（表1-8）がある。これは購入契約後，消費者が冷静に考える期間をおき，この期間内であれば契約を解除できるというものだ（主に8日間）。店頭販売や通信販売は対象外となるので気をつけたい。
　また，民法が改正され，2022年4月より成年年齢は18歳に引き下げられた。これにより親の同意がなくても1人で契約が結べるようになり，未成年であることを理由に契約の取り消しができる「未成年者取消権」はなくなった。若者の消費者被害が急増することが懸念されている。

7. 消費者問題　　*43*

表1-7　主な問題商法

名　称	手口や特徴等
送り付けトラブル	注文をしていないのに，健康食品や海産物などを一方的に送りつけられ，代金を請求される。受け取ったら代金を支払わなければならないという心理を利用する手口。
サイドビジネス商法	「誰でも簡単に稼げる」「スマホ1台で稼げる」などのうたい文句で副業サイトなどへ勧誘し，仕事に必要だと言って情報商材やサポートなどを契約させる。
訪問購入	「不用品を買い取る」と訪問してきた事業者に，売るつもりがないのに宝石や貴金属を見せるよう迫られ，安値で強引に買い取られてしまう。
還付金詐欺	役所や金融機関の職員を名乗り，保険料や一部未払いの年金が返ってくるなどと言って電話でATMに誘導し，操作を指示して口座から送金させる。
利殖商法	損をするかもしれないのに「値上がり確実」「元本保証」などのセールストークで将来は必ず値上がりするかのような事実と異なる説明をし，出資や投資名目で，ファンド，FX，暗号資産などの契約をもちかけ，金銭を支払わせる。
水回り修理サービスでの高額請求	トイレの詰まりや給水管の水漏れなどに気づき，慌ててインターネット検索などをして，格安料金をうたう広告を出している修理業者を見つけて頼むと，作業後に高額の請求を受ける。

出典：国民生活センター『2024年版くらしの豆知識』，pp.78-81（2023）を参考に作成

表1-8　クーリング・オフ制度

●クーリング・オフとは
・いったん契約の申し込みや契約の締結をした場合でも，契約を再考できるようにし，一定の期間であれば無条件で契約の申し込みを撤回したり，契約を解除したりできる制度。 ・2022年6月1日より，書面によるほか，電磁的記録でもクーリング・オフの通知を行うことが可能となった。電子メールのほか，USBメモリ等の記録媒体や事業者が自社のウェブサイトに設けるクーリング・オフ専用フォーム等により通知を行う場合があげられる。FAXを用いたクーリング・オフも可能。
●クーリング・オフが適用される取引と適用期間
・キャッチセールス，アポイントメントセールス等を含む「訪問販売」，「電話勧誘」，エステティック，美容医療，語学教室，家庭教師，学習塾，パソコン教室，結婚相手紹介サービスなどの「特定継続的役務提供」，業者が消費者の自宅等を訪ねて商品の買取りを行う「訪問購入」などにおいては，適用期間は8日間。 ・「連鎖販売取引」（マルチ商法），内職商法，モニター商法等の「業務提供誘引販売取引」においては20日間。 ・3000円未満の現金取引や，通信販売，店頭販売には適用されない。
●クーリング・オフの具体的方法
・書面（はがき可）または電磁的記録で行う。 ・書面等には，事業者が対象となる契約を特定するために必要な情報（契約年月日，契約者名，購入商品名，契約金額等）やクーリング・オフの通知を発した日を記載する。 ・期間内に通知する。 ・クレジット契約をしている場合は，販売会社とクレジット会社に同時に通知する。 ・通知後は送信したメールや，ウェブサイト上のクーリング・オフ専用フォーム等の画面のスクリーンショットを保存しておく。

出典：国民生活センターHP「クーリング・オフ」をもとに作成

（5）　消費者のための相談機関

　　消費者からの苦情を受け付けたり，相談にのる最も身近な機関には，地方自治体が設置する「消費生活センター」がある。「国民生活センター」は，消費者相談，苦情処理のほかに危害情報の収集と提供，商品テストなども行っている。2009年9月には消費者庁が発足し，それまで各省庁で行われていた消費者行政が一元化されることになった。また，2015年度から消費者ホットラインが3桁化され，全国どこからでも身近な消費生活相談窓口につながる共通番号「188（いやや！）」となった。国民生活センターではSNSを利用した情報発信も行っている。これらを利用し，新しい情報を入手しておこう。

44　I. 生活経営

ワークシート ● 若者が被害にあいやすい問題商法について考えてみましょう

作業1

以下の事例を読み，設問に答えましょう。

〈事例1〉[12]

　インターネットで芸能人のファンサイトを閲覧しているうちに，有料で動画を配信するサイトにたどりつきました。無料サンプルがあったので閲覧していると，突然「会員登録ありがとうございます。登録料5,000円を1か月以内にお支払いください」とのメッセージが表示されました。登録した覚えはないのですが支払わないといけないのでしょうか。登録情報として，私の使っているプロバイダの情報や，自宅のある市町村の名称まで表示されており，個人情報を知られてしまったのではないか，心配です。

①　これはインターネットでの取引で起こる「ワンクリック詐欺」というものです。これまでにこうした経験があったか，グループで話してみましょう。

②　このケースでは契約は成立しているかどうか，考えてみましょう。

③　被害にあわないために，どんな点に注意したらよいか，意見をまとめてみましょう。

作業2

以下の事例を読み，設問に答えましょう。

〈事例2〉[13]

　脱毛エステのウェブサイトを見て出向いた店舗で，3年間のコースを勧められ総額60万円の契約をした。中途解約を申し出たら「1年間の契約期間を過ぎているので返金はない」と言われた。契約書には確かに契約期間は1年間と書かれていたが，手書きで「施術有効期間は3年間」とあり，中途解約も3年間可能だと思っていた。施術を受けた分だけ支払って解約したい。

①　最初に契約をした際に，注意すべきだった点について，考えてみましょう。

②　もし，あながたこの事例の当事者だったら，どのように対応するか考えてみましょう。

③　このケースの場合に確認すべきだったことを，箇条書きにしてみましょう。

7．消費者問題

ワークシート ● 高齢者が被害にあいやすい問題商法について考えてみましょう

作業1

以下の事例を読み，設問に答えましょう。

〈事例1〉[14]
「健康に関する楽しいお話を聞いてみませんか？ いまなら，この商品引換券をお持ちいただければ，さまざまな商品をプレゼントします」と自宅を訪問してきた男性に言われ，会場となっている近所の空き店舗に足を運びました。会場にはすでにたくさんの人が集まっていました。その後，健康に関する話が始まり，「来ていただいた方にティッシュをプレゼント，欲しい人は元気に挙手！」などと主催者が叫ぶと，周囲の人間が次々と手を挙げるので，私もつられて手を挙げました。このようにティッシュや洗剤等が配られていくうちに会場は異様な興奮状態となり，私も気持ちが高揚してしまい，結局，業者が勧めてきた数十万円もする磁気布団を，分割払いで購入することになってしまいました。契約をやめることはできないでしょうか。

① これは何という問題商法でしょうか。
―――――――――――――――――――――――――――――――――――――――
② なぜ磁気布団を購入することになってしまったのでしょうか。業者の手口を3つあげてみましょう。
―――――――――――――――――――――――――――――――――――――――
③ このケースの解決方法を考えてみましょう。
―――――――――――――――――――――――――――――――――――――――

作業2

以下の事例を読み，設問に答えましょう。

〈事例2〉[15]
父母は田舎で暮らしていますが，久しぶりに帰郷したところ，自宅の屋根が新しくなっていました。事情を聞くと，建物の点検にきた業者に「このままでは雨漏りがするから張り替えたほうがいい」と言われ，根負けして契約してしまったようです。契約金額は300万円で10年返済のクレジット契約をしていました。そればかりか，「床下にシロアリがいる」と言われて除湿剤が敷き詰められており，さらに「乾燥させる必要があるから」と言われて換気扇が10台取り付けられていました。総額200万円のクレジット契約が結んでありました。高齢の父母に高額の商品を勧める業者もひどいと思いますが，クレジットを簡単に契約するクレジット会社もひどいと思います。工事は終わってしまっていますが，支払いを軽減することは可能でしょうか。

① 1人の消費者に業者が商品等を次々に販売するトラブルを「次々販売」といいます。このような被害にあわないために，家族はどのようなことができるか考えてみましょう。
―――――――――――――――――――――――――――――――――――――――
② 書面を交付されてから8日以内であれば，業者との契約をクーリング・オフすることができます。クーリング・オフする際の注意点を調べてみましょう。
―――――――――――――――――――――――――――――――――――――――

8. 生活時間と家事労働

（1） 生活時間とは

　生活時間とは、1日24時間をどういった行動で使ったかという視点で分類したものであり、時間的な側面から生活をとらえることを目的としている。① 必需行動（一次的活動ともいわれ、睡眠や食事など）、② 拘束活動（二次的活動ともいわれ、仕事、家事、学業など）、③ 自由行動（三次的活動ともいわれ、休養や趣味など）に分けられる。さらなる詳細な項目については、調査機関によって異なる。全国規模で、かつ長年続けられている調査として、1976年に始まった総務省「社会生活基本調査」と、1960年に始まったNHK「国民生活時間調査」の2種類がある。いずれも5年ごとの実施である。時代とともに、人の生活がどう変化してきたかを見出すことが可能である（図1-10）。NHKの調査は2020年の特徴を、2015年と比較して表1-9のように整理されている。

　また、総務省の「社会生活基本調査」において、2016年と2021年でそれぞれの行動の種類別に男女で比較したものが表1-10である。この5年間の変化として、「休養・くつろぎ」の時間が男女ともに増えている。また、男性で仕事の時間の減少が目立つ。一方、女性では微増している。働き方の多様性については、さまざまな背景がある。たとえば今日、学生らしい生活を送ることが困難となってしまうほど、学生がアルバイトに拘束されてしまう「ブラックバイト」が問題となっている。

表1-9　2020年NHK国民生活時間調査結果のポイント

1	時差通勤や在宅勤務など、今回初めてみられるようになった
2	長時間労働から一転、仕事時間が減少した、というようにこれまでの流れとは異なる変化
3	男性の家事時間、子どもの世話の増加、中年層の早寝、高齢層の夜更かし、インターネットの利用の増加が継続、あるいは加速した
4	『早起き』が一層進み、『早寝』の増加の結果、睡眠時間の減少が止まった
5	テレビの視聴時間が高年層まで減少した
6	ビデオとインターネットの利用時間が広がる

出典）渡辺洋子、他：「新しい生活の兆しとテレビ視聴の今」、放送研究と調査、第71巻8号（2021）

（2） 家事労働とは

　私たちの生活は、さまざまな労働という行為によって維持されているともいえる。つまり、生活をするために必要な労働がある。労働には、金銭を得るもの（有償労働）と金銭を得ないもの（無償労働）がある。無償労働としては、家事労働だけでなく、ボランティア活動なども含まれる。

　家事労働は、家庭生活を営み、維持するために行われ、内容としてはさまざまな活動がある。育児、介護は、家事労働として表現されることが多い（表1-10）。これらは、時代背景や地域的違いなどの影響を受けること、そこで入手できるモノ・情報・ネットワークなどに伴ってずいぶん異なる。さらには、家事労働は個人や家庭の習慣、好み、経済的な条件などを反映して異なる様相となる。

表1-10 男女,行動の種類別生活時間(2016年,2021年)―週全体の時間 (時間.分)

	総数 2016年	総数 2021年	増減	男 2016年	男 2021年	増減	女 2016年	女 2021年	増減
1次活動	10.41	10.57	0.16	10.34	10.50	0.16	10.49	11.03	0.14
睡眠	7.40	7.54	0.14	7.45	7.58	0.13	7.35	7.49	0.14
身の回りの用事	1.22	1.24	0.02	1.11	1.14	0.03	1.31	1.32	0.01
食事	1.40	1.39	-0.01	1.38	1.37	-0.01	1.43	1.41	-0.02
2次活動	6.57	6.47	-0.10	6.50	6.36	-0.14	7.03	6.57	-0.06
仕事等	4.49	4.37	-0.12	6.08	5.45	-0.23	3.35	3.33	-0.02
通勤・通学	0.34	0.31	-0.03	0.43	0.38	-0.05	0.25	0.24	-0.01
仕事	3.33	3.28	-0.05	4.41	4.27	-0.14	2.29	2.32	0.03
学業	0.42	0.38	-0.04	0.44	0.40	-0.04	0.41	0.37	-0.04
家事関連	2.08	2.10	0.02	0.44	0.51	0.07	3.28	3.24	-0.04
家事	1.23	1.27	0.04	0.19	0.25	0.06	2.24	2.26	0.02
介護・看護	0.04	0.03	-0.01	0.02	0.02	0.00	0.06	0.04	-0.02
育児	0.15	0.14	-0.01	0.06	0.06	0.00	0.24	0.21	-0.03
買い物	0.26	0.26	0.00	0.17	0.18	0.01	0.34	0.33	-0.01
3次活動	6.22	6.16	-0.06	6.36	6.34	-0.02	6.09	6.00	-0.09
移動(通勤・通学を除く)	0.29	0.22	-0.07	0.28	0.21	-0.07	0.30	0.23	-0.07
テレビ・ラジオ・新聞・雑誌	2.15	2.08	-0.07	2.19	2.11	-0.08	2.11	2.05	-0.06
休養・くつろぎ	1.37	1.57	0.20	1.37	1.59	0.22	1.36	1.56	0.20
学習・自己啓発・訓練(学業以外)	0.13	0.13	0.00	0.13	0.13	0.00	0.12	0.12	0.00
趣味・娯楽	0.47	0.48	0.01	0.57	1.00	0.03	0.37	0.37	0.00
スポーツ	0.14	0.13	-0.01	0.18	0.16	-0.02	0.10	0.10	0.00
ボランティア活動・社会参加活動	0.04	0.02	-0.02	0.04	0.02	-0.02	0.04	0.02	-0.02
交際・付き合い	0.17	0.10	-0.07	0.15	0.08	-0.07	0.19	0.12	-0.07
受診・療養	0.08	0.07	-0.01	0.07	0.06	-0.01	0.09	0.08	-0.01
その他	0.19	0.16	-0.03	0.17	0.15	-0.02	0.20	0.17	-0.03

出典)総務省:「令和3年社会生活基本調査 生活時間及び生活行動に関する結果 結果の概要」

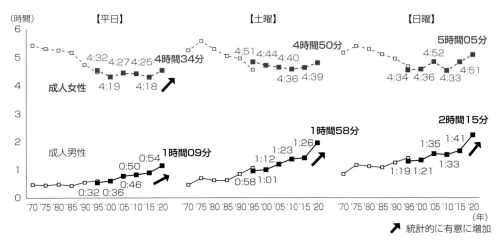

図1-10 男女別 家事時間の時系列変化 (成人 全員平均時間)

注)1995年に調査方式をアフターコードからプリコードに変更した。長期的な変化の方向をみるために両方式の結果を併記したが,数値そのものを直接比較することはできない。

出典)NHK放送文化研究所世論調査部「国民生活時間調査2020 生活の変化×メディア利用」,(2021)

ワークシート ● 図の中に各項目を書き込み，
あなたの1日の生活をとらえてみましょう

作業
　円の外側より，行動→その行動でかかった，あるいは稼いだ費用→どこで→そのときに着用していた衣類→食べたものがあれば食べたもの，について記入しましょう。

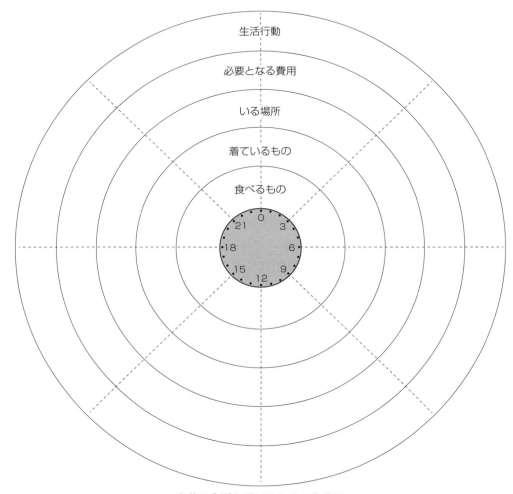

自分の生活を調べるための作業図

出典）『家庭（科）総合ワークノート』，教育図書（1999）

8．生活時間と家事労働

ワークシート ● 育児や介護における時間的な負担について考えてみましょう

作業
下の2つの図から，どんなことがわかるか，話し合ってみましょう。

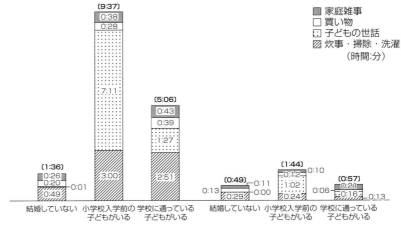

ライフステージ別家事時間（男女30・40代平日）

注）〔　〕内は家事時間。それぞれの項目が重複している時間があるため，項目別の合計より少ないことがある。
出典）NHK放送文化研究所世論調査部：「子育て世代，男女の家事時間はどう違う」，（2020）

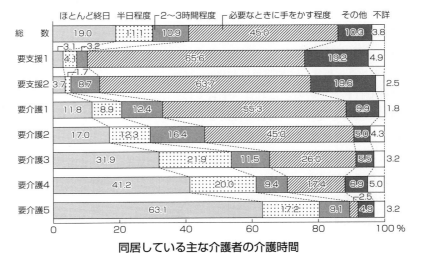

同居している主な介護者の介護時間

注）「総数」に要介護度不詳を含む。
出典）厚生労働省：「2022（令和4）年国民生活基礎調査の概況」，p.26（2023）

9. 社会的ネットワーク

（1） 社会的ネットワークとは

　1人の人間を中心として，そのまわりには「家族」「親族」「友だち」「地域の人々」といった「社会的ネットワーク」の存在がある。また，生活支援が必要になった場合には，このネットワークの外側にサポートのための「公的・社会的な生活支援のためのサービス」も加わる。社会的ネットワークの視点をもつことで，個人の周囲に広がる人間関係をとらえ，その人の生活状況を把握することができるし，その支援の範囲も広くとらえることができる。たとえば，子育てや家族の介護ではさまざまなサポートが必要になるが，まずは，自分自身の社会的ネットワークを振り返り，必要な生活支援のための社会サービスも含めて考えられるようにしたい。

（2） 子育てに関する社会的ネットワーク

　現在，子育てに直面していない人たちでも子育てをめぐる諸問題はテレビや新聞，ウェブサイトのニュースなどで目にし，耳にしているだろう。こども家庭庁によれば，待機児童は全国で2,680人（2023年4月1日現在）まで減少しているが，隠れ待機児童の存在は指摘されている。現在も，児童虐待の問題は連日のように報道されている。こうした子育てに関する問題のために，どのような社会サービスがあるのだろうか。

　2015年4月から子ども・子育て支援新制度が開始されている。子育てに関する社会サービスには公的なサービスだけでなく，NPO（非営利組織）によるものやボランティアによるものもある。子育て援助活動支援事業（ファミリー・サポート・センター事業）は2023年度は996市区町村で行われている。これは，子育てに関して援助を受けたい会員と援助を行いたい会員とをつなぐ相互援助組織である（図1-11）。

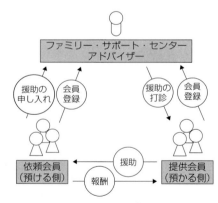

図1-11　ファミリー・サポート・センターのしくみ

出典）一般財団法人女性労働協会のHPの図を参考に作成

　また「地域子育て支援拠点」は，子育て中の親子の交流や育児相談，情報提供等を行っており，8,016か所（2023年度）にまで増加してきている（こども家庭庁資料）。こうした生活支援のための社会サービスも社会的ネットワークの一つとして，状況に応じて利用していく視点をもちたい。

（3）　介護に関する社会的ネットワーク

　介護に関連する諸問題としては，特別養護老人ホームへの入所待ちや高齢者虐待，孤独死等がある。近年では，介護離職を防いだり，家族だけで介護を抱え込まないようにするため，家族介護者支援に対する理解が浸透してきた。

　家族介護者の現状は厚生労働省による国民生活基礎調査（2022年）によって明らかにされている。要介護者等と「同居」が45.9％であり，この「同居」の主な介護者の要介護者等との続柄については，「配偶者」が22.9％，「子」が16.2％，「子の配偶者」が7.5％，「父母」が0.1％，「その他の親族」が1.2％となっている。同居以外では「別居の家族等」が11.8％，「事業者」15.7％で，事業者の割合も増加している。また，「同居」の主な介護者の性別は「女性」が68.9％，「男性」が31.1％である。家族介護者の「女性」の割合が高いことはSDGsの「ジェンダー平等」の視点からも改善される必要がある。要介護者を介護する人の意識と実態に関する調査（日本労働組合総連合会，2014年）では，介護者の「ストレスの有無」について聞いている。「非常に感じている」が25.7％，「ある程度感じている」が54.3％であり，合計すると8割もの介護者がストレスを感じていることがわかる。

　こうした現状に近年では，家族介護者を支援するという視点が出てきた。日本ではこれに関する法制度はないが，イギリスやオーストラリアでは，すでに，介護者を支援する法律も存在している。介護を家族だけで抱え込まないこと，介護者自身も自分の人生を大切にすることが当たり前の社会を目指したい。介護に関する公的な相談機関としては，市区町村に設置されている「地域包括支援センター」を覚えておきたい。2014年6月に成立した医療介護総合確保推進法では，地域包括ケアシステムが目指されている。

　介護に関する社会サービスは，介護保険制度によるものや，それ以外のNPO等によるサービスもある。「介護サービス情報の公表制度」が2006年4月からスタートし，介護サービスや事業所や施設を比較検討できるようになった。厚生労働省による「介護事業所・生活関連情報検索　介護サービス情報公表システム」と題されたウェブサイトも積極的に利用し，情報を得た上でサービスを選択できるようにしたい。

　また近年，ケアラーズカフェも各地で誕生している。これは，気軽に立ち寄ることができ，家族介護者や地域の人々がこのカフェで話をすることで情報を得たり，気分転換もできる介護者支援のための多機能拠点といえるものだ。2015年からの新オレンジプランでも「認知症の人の介護者への支援」として引き継がれている。「認知症カフェ」（認知症の人と家族，地域住民，専門職等の誰もが参加でき，集う場）は実際に47都道府県1,543市町村で7,904カフェ（厚生労働省2021年度実績調査）が運営されている。

　さらに「ヤングケアラー」が2020年に新語・流行語大賞にノミネートされたように，「ヤングケアラー」や「ケアラー」という言葉の認知度が高まってきている。ケアラー支援に関する条例も埼玉県を皮切りに26の自治体（2024年3月27日時点）で制定されており[16]，より一層の広がりが期待されている。

52   I. 生活経営

ワークシート ● あなたが住んでいる地域の生活関連サービスを調べてみましょう

作業1

　自分が住んでいる地域の子育てや介護に関して，以下のことを調べてみましょう。

① 　あなたが住んでいる自治体：_____ 区・市・町・村

② 　あなたが住んでいる自治体のウェブサイトを開き，子育てについてどのようなことが書いてあるか，いくつかの項目に分けるなどして，以下に書いてみましょう。

----

③ 　あなたの自宅から最も近い保育所はどこにあって，自宅からどれくらいの時間で行くことができますか？　また，その保育所についてわかったことも書いてみましょう

　　保育所の名前：_____

　　行き方とかかる時間：_____

　　わかったこと

----

④ 　次に，あなたの住んでいる自治体のウェブサイトでは介護についてどのようなことが書いてあったか，いくつかの項目に分けるなどして，以下に書いてみましょう。

----

⑤ 　あなたの自宅から最も近い地域包括支援センターはどこにあって，自宅からどれくらいの時間で行くことができますか。また，その地域包括支援センターについてわかったことも書いてみましょう。

　　センターの名前：_____

　　行き方とかかる時間：_____

　　わかったこと

作業2

　すべて記入できたら，グループ（4〜5人）内で発表しましょう。また，自分の住んでいる自治体とほかの自治体との違いについても考えてみましょう。

9．社会的ネットワーク

ワークシート ● 金山さんの社会的ネットワークを考えてみましょう

　　金山トメさん（82歳）を支えている「現在のネットワーク」を確認し，「将来のネットワーク」の変化について考えてみましょう。

〈事例〉
　金山トメさんは要介護1で，娘さんと同居しながら，自宅で生活を送っています。デイサービスと配食サービスは利用しているものの，それ以外の必要な生活支援は娘さんが1人で行っています。最近，認知症のような症状もみられるようになり，病院で診察してもらったところ，アルツハイマー型認知症と診断されました。近くに親族もおらず，金山さんを1人で介護している娘さんは将来への不安を強く感じています。金山さん自身も病気になる前は近所の友だちとの付き合いがあったので，最近は特にデイサービスのない日の昼間は寂しさを感じています。

作業1

　金山さんを支える"現在のネットワーク"について確認し，"将来のネットワーク"として考えられるものをあげてみましょう。金山さんが将来，ネットワークから得ているものがどう変化するかについて考えてみましょう。

ネットワーク	現在	将来
家族 親族		
友人 知人 隣人 地域のつながり		
ボランティア		
公的・制度的な福祉サービスや援助機関		

作業2

　金山さんの娘さんは1人で介護を担当しており，強い不安を感じています。家族介護者である娘さんは今後どのように行動すればよいか考えてみましょう。

作業3

　記入後，グループ（4～5人）で発表して，自分が気づくことができなかった点を確認してみましょう。また，他のメンバーの発表から学んだことを以下に記入しましょう。

----

10. 生活福祉情報

(1) 情報のデジタル化

　今や，情報通信技術（ICT：Information and Communications Technology）は私たちの生活に深く関連している。総務省は，医療・介護・健康・分野におけるICT化が目指すイメージとして図1-12を発表している。情報化社会が進展していくことによる利点と問題点について，その時代の背景とともに考えていく必要がある。たとえば現在，図1-12中にもあるマイナンバーカードだが，健康保険証として利用登録し，マイナンバーカードを使って医療機関を受診することができる。こういった利用には利点もあるが，マイナンバーカードを利用するまでの手続き，取得後の管理などについても確認しなければならない。

　一方，ICTは消費者に対しては，「消費者余剰（得をした感じ）」「時間の節約」「情報資産の蓄積」等をもたらすといわれる[17]。ICTは情報をデジタル化していくことで，情報発信や情報共有を容易にしている。だが同時に，デジタル技術が不適切に用いられることにより，消費者に課題やトラブルが生まれていることを図1-13に示す。ここでは介護を必要とする人の特性を見極めながら，正しい知識の確実な普及や対応策が求められている。

　このデジタル化が進むことによって，① コンテンツ（何らかの媒体に記録されたり，保存されたり，伝送される情報や内容）を所有することの意義の低下，② コンテンツに関する十分な，あるいは必要な情報を獲得したり，選択することが困難となる，③ デジタル化されていない情報やコンテンツの重要性は，相対的に高まる，という3点があげられている[18]。また，図1-14に示すように，デジタル化の普及は，利用する人の考えを偏らせたり，特定の考えをより強固なものにしてしまうこともある。

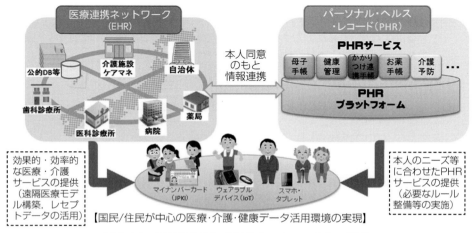

図1-12　医療等分野におけるネットワーク化の推進

出典）総務省：「令和2年 情報通信白書」，(2020)

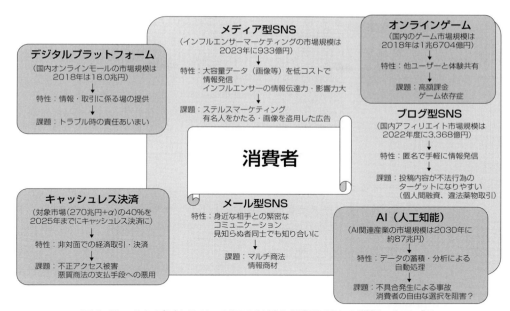

図1-13　主なデジタルサービスの特性と消費生活上の課題・トラブル
出典）消費者庁：「消費者のデジタル化への対応に関する検討会」，p.7（2020）

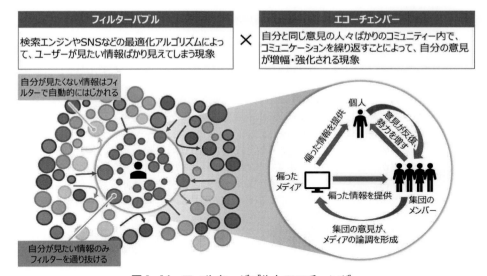

図1-14　フィルターバブルとエコチェンバー
出典）三菱総合研究所：「未来社会構想2050」，図表Ⅰ-6-4，p.28（2019）

（2）ネットワーク社会の課題

　ICTが人々の生活の隅々に溶け込むことによって，あらゆる人やモノが結びつくネットワーク社会をユビキタス社会という。このユビキタス社会が目指すのは，年齢や障がいの有無にかかわらず，誰でもがICTを利用でき，世代や地域を超えたコミュニケーションの実現である。この実現のためには，すべての人がICTを使いこなせるよう，ユニ

表1-11　ユニバーサルデザインの7原則

原則①	誰にでも公平に利用できる
原則②	使う上で柔軟性に富む
原則③	簡単で直感的に利用できる
原則④	必要な情報が簡単に利用できる
原則⑤	単純なミスが危険につながらない
原則⑥	身体的な負担が少ない
原則⑦	接近して使える寸法や空間になっている

バーサルデザインの導入を促進しなければならない。ユニバーサルデザインの考え方については，アメリカのノースカロライナ州立大学のロナルド・メイスが1985年，7原則として提唱したものを表1-11に示す。

　さらに，ICTを利用し，使いこなすことができる人と，そうでない人との間に生じる格差「デジタルデバイド」にも目を向ける必要がある。機器操作が困難になりがちな高齢者，障がい者，購入が困難な低所得者，地方格差など，取り残される存在に対するデジタルデバイドの解消が求められている。

コラム　いつの時代も生活に欠かせない「テレビ」

　1953年にテレビの本放送が始まり，1950年代後半には家庭用電気機器のうち，生活の豊かさや憧れとして，白黒テレビ，洗濯機，冷蔵庫が「三種の神器」と呼ばれるようになりました。高度経済成長期（1960年半ばから）には，カラーテレビ，クーラー，自動車といった耐久消費財が「新・三種の神器」と呼ばれ，カラーテレビは，1964年の東京オリンピックの頃から普及していきます。また，2003年頃から急速に普及し始めた，デジタルカメラ，DVDレコーダー，薄型テレビといったデジタル家電を「デジタル三種の神器」と呼ぶこともあります。いずれにしても，今日の高齢者にとって，テレビはこれまでの家庭生活を象徴し，身近なものであるといえます。

　なおテレビは，2011年7月24日をもってアナログ放送は終了し，デジタル放送に移行しました。このデジタル放送によって，双方向サービス，地域に密着した放送，高齢者や障がい者に対するサービス（字幕放送，解説放送，音声速度の変更など）が提供されるようになりました。

　今日，さらに，通信・放送サービスを取り巻く環境は変化しています。2012年度より，総務省では「放送サービスの高度化に関する検討会」を発足させ，「4K・8K（スーパーハイビジョン）」，「スマートテレビ」，「ケーブルテレビ・プラットフォーム」の3分野について提言を行っています。

　テレビは，これからも人々の生活に大きな役割を担っていくことは間違いないでしょう。そこにあって，今後，誰でもが安全に，安心して生活を送っていくことに，テレビがどう生かされるかについて注目したいものです。

10. 生活福祉情報   57

ワークシート ● ユニバーサルデザインの商品を評価してみましょう

作業

ユニバーサルデザインの達成度を評価するために，簡易版「easy! PPP」[19]を用いて複数の商品を5段階で評価し，周囲の人と比べてみましょう。

チェック項目	チェックポイント	評価点	なぜそのように評価したか？ また，気づいた点など
商品パッケージ	見やすく，わかりやすい表示か？		
	開けやすく，取り出しやすいパッケージか？		
	環境にやさしいパッケージか？		
取扱説明書	表現が簡単で見やすいか？		
	説明内容は正確か？		
使用性	使い方がわかりやすく簡単か？		
	さまざまなユーザグループのことを考慮されているか？		
安全性	危険性がないか？		
	誤った操作をしにくくなっているか？		
	失敗した時にやり直しができるか？		
五感情報	直感や五感が活かせるか？		
身体的負担	身体に負担をかけず楽に使えるか？		
	長く使っていても疲れにくいか？		
公平性	誰でも差別を感じず使えるか？		
	どこででも手に入れやすいか？		
色彩・形態・素材	快適に使える色彩・形態・素材か？		
耐久性	壊れにくく長く使えるか？		
環境性	人体や自然に害を与えないか？		
経済性	モノに見合った価格設定か？		
アフターケア	アフターサービスの仕組みがあるか？		

(tripod design, 2002)

58   Ⅰ．生活経営

【引用文献】

1）上野千鶴子：『近代家族の成立と終焉』，岩波書店，pp. 4-6（1994）

2）国立社会保障・人口問題研究所：『人口統計資料集（2024年版）』，（2024）

3）奥田都子：「家族」（中川英子編『福祉のための家政学』），建帛社，p. 27（2010）

4）中野加奈子：「生活史研究の系譜―記述と分析をめぐる課題」，佛教大学大学院紀要　社会福祉学研究科篇，39：pp. 17-34（2011）

5）鷹居樹八子ほか：「老人保健施設入所者への生活史聴取とナラティブベースト・ナーシング」，長崎大学医学部保健学科紀要，15（1）：pp. 23-30（2002）

6）奥田都子：「高齢者のライフヒストリー」（中川英子編『福祉のための家政学』），建帛社，pp. 36-39（2010）

7）レイニンガー，M.M.，近藤潤子，他監訳：『看護における質的研究』，医学書院，p. 154（1997）

8）総務省統計局：「家計調査年報（家計収支編）」，（2023）

9）金融庁：「高齢社会における資産形成・管理」，（2019）

10）政府広報オンライン：「『金融リテラシー』って何？　最低限身に付けておきたいお金の知識と判断力」https://www.gov-online.go.jp/useful/article/201404/1.html

11）国立社会保障・人口問題研究所：「日本の将来推計人口－令和3（2021）～52（2070）年－」，（2023）

12）石戸谷豊，他編著：『Q&A　高齢社会の消費者トラブル』，日本加除出版，p. 133（2014）

13）国民生活センター：『2024年版くらしの豆知識』，国民生活センター，p. 18（2023）

14）小澤吉徳編著：『高齢者の消費者被害Q&A』，学陽書房，p.172（2008）

15）前掲書10），p.158

16）地方自治研究機構：「ケアラー支援に関する条例」（http://www.rilg.or.jp/htdocs/img/reiki/023_carersupport.htm）

17）情報通信総合研究所：「GDPに現れないICTの社会的厚生への貢献に関する調査研究報告書」，（2016）（http://www.soumu.go.jp/johotsusintokei/linkdata/h28_04_houkoku.pdf）

18）新宅純二郎・柳川範之編：『フリーコピーの経済学』，日本経済新聞出版社（2008）

19）中川聰監修：『ユニバーサルデザインの教科書　第3版』，日経BP社（2015）

【参考文献】

・森岡清美・望月嵩：『新しい家族社会学　四訂版』，培風館（1997）

・山根常男，他編：『テキストブック　家族関係学　家族と人間性』，ミネルヴァ書房（2006）

・湯沢雍彦：『データで読む　平成期の家族問題』，朝日新聞出版（2014）

・利谷信義：『家族の法　第3版』，有斐閣（2010）

・白澤政和：「介護における生活史の効果」（『介護福祉学事典』），ミネルヴァ書房（2014）

・中川英子：「介護福祉と生活史」（『介護福祉学事典』），ミネルヴァ書房（2014）

・石毛直道：「文書記録の生活史」（中鉢正美『生活史』），放送大学教育振興会（1986）

・白谷秀一・朴相権編：『実践　はじめての社会調査』，自治体研究社（2002）

・六車由実：『驚きの介護民俗学』，医学書院（2012）

・重川純子：『新訂　生活経済学』，放送大学教育振興会（2016）

・御船美智子：『家庭生活の経済―生活者の視点から経済を考える』，放送大学教育振興会（1996）

・土志田征一編：『戦後日本経済の歩み』，有斐閣（2001）

Ⅱ. 食 生 活

1. 食生活の機能と食文化
2. 栄養素の種類と消化・吸収・代謝
3. 栄養素と食事摂取基準
4. 食品の分類と選択
5. 食の安全と食中毒
6. 健康と食生活
7. 献 立 作 成
8. 調　　　理

1. 食生活の機能と食文化

(1) 食生活の機能と現状

1) 食生活の機能

　食生活とは，食に関する営み全般のことをいう。食品の取得（買い物など），食物への加工，調理，食物の摂取（食事），栄養の消化・吸収，代謝などさまざまな要素や過程から成り立つ。このような食生活には，生理的機能（体の機能を維持し，発育や活動に必要な成分を摂取する，生活リズムを整えるなど），精神的機能（食事のおいしさや楽しさなどが精神的な豊かさをもたらすなど），文化的機能（伝統食や行事食，マナーが食文化として継承されるなど），社会的機能（家庭や社会での食生活が人間関係をつくり，団らんをもたらすなど）などの機能がある。それぞれの機能を理解し，実践することで，健康で豊かな食生活を創造していきたい。

2) 食生活の現状と課題

　現代の食生活には，食習慣の乱れや運動不足などによる肥満や生活習慣病の増加，若い女性の過度のやせ傾向がみられ，夜型で変則的な生活が，朝食欠食や子どもの孤食といった問題にもつながっている。食生活の課題を機能別にみると，生理的機能では，野菜摂取量の不足や，塩分や脂質摂取量の多さが生活習慣病増加の要因として，長年指摘されている。年代別・性別では，若い女性のやせ志向が，拒食などの摂食障害や低体重児の出生に関係したり，中年男性の肥満や運動不足が糖尿病などの生活習慣病が増加する要因になっている。また，精神的機能や文化的機能では，家族そろって朝食や夕食を食べる機会の減少が，家族団らんの機会を減少させるとともに，食事の大切さや食文化，食事の作法等を学ぶ機会の減少になり，健全な食習慣の乱れにつながることが懸念される。

(2) 食文化と食習慣

1) 食文化

　食文化とは，「民族や集団，地域，時代などにおいて共有され，一定の様式として習慣化し，伝承されるほどに定着した食に関する生活様式」[1]のことである。食材や調理法，食器，マナー，外食などに至るまで，食に関する文化を総称する。現在，日本人の食文化は，日本料理をはじめ西洋料理，中国料理など，多国籍の料理を組み合わせたバラエティー豊かなものである。

　日本の伝統食である和食は，2013年にユネスコ無形文化遺産に登録された。和食の基本は，図2-1のように米飯を主食とし，主菜・副菜・副々菜・汁物からなる一汁三菜である。米，野菜，魚，大豆を中心的な食材とし，塩やしょうゆ，みそ，みりん，酢，だし汁等を使って味付けする伝統的な食事パターンに，肉，乳製品，鶏卵，油脂，果物を加え，多様で栄養バラン

図2-1　一汁三菜の配膳

表2-1　食文化（行事と料理・食品）

月	行　　事	料理・食品	月	行　　事	料理・食品
1月	お正月	雑煮，おせち料理	7月	七夕	七夕そうめん
2月	節分	炒り豆，恵方巻き	8月	お盆	精進料理（煮しめほか）
3月	ひな祭り	ちらし寿司，白酒	9月	お月見	月見団子
4月	お花見	花見団子	10月	秋祭り（収穫祭）	祭り寿司，いもや果物
5月	こどもの日	柏餅，ちまき	12月	クリスマス	ローストチキン，ケーキ

スのよい健康的でかつ豊かな食事である。

食文化の要素には郷土食や行事食・伝統食のほか，マナー，ハレやケの食品などがある。お正月，誕生日などのお祝い

表2-2　主な賀寿の年齢と名称

年齢	名称	年齢	名称
60歳	還暦	80歳	傘寿
70歳	古希	90歳	卒寿
77歳	喜寿	99歳	白寿

は「ハレ」の日，その他の日常は「ケ」の日といい，ハレのときに，行事などに合わせて出される行事食があり（表2-1），さまざまな意味が込められている。郷土食では，地産地消の視点からも伝統食が受け継がれている。

高齢者福祉施設では，9月第3日曜日の敬老の日に，長寿を赤飯などの行事食で祝う風習があるが，表2-2に示すように，賀寿といって，節目となる年齢に名称をつけて，長寿を祝う文化がある。

日本には四季があるが，季節によって，収穫される魚や野菜，果物などが変化する。表2-3のように，季節によって，野菜，果物，魚介類が最も多く穫れる最盛期を旬という。旬の食物を楽しむために，旬の始めを走り，終わりを名残りといって，旬の食材を献立や盛り付けに取り入れて，季節感を大切にしている。

表2-3　四季と旬の食材

	旬の野菜・果物等	旬の魚介類
春	なばな・たけのこ・わらび・キャベツ・じゃがいも・いちご	さわら・あさり・ます
夏	トマト・きゅうり・すいか・メロン・もも・ピーマン・なす・とうもろこし・とうがん	あじ・はも
秋	しいたけ・まつたけ・れんこん・かぶ・かき・なし	さんま・さば
冬	はくさい・だいこん・ねぎ・ほうれんそう・みかん・りんご	ぶり・かき・うなぎ

和食のマナーには，正しい箸の使い方，食器の扱い，食事の順番，食卓の席次（入口から遠い席が上席等）などがある。図2-2は，正しい箸の使い方を示したものである。

図2-2　箸の持ち方

2）食　習　慣

　食習慣とは，献立，買い物，調理，配膳など一連の食事に関する活動や食事時間，食卓環境など，日常的になっている食生活の行動をいう。日本人には時代を超えて大切にしてきた食文化とともに，世代や地域等によって，食生活に関するいろいろな好みや習慣がある。一人ひとりには，慣れ親しんだ食習慣があるので，尊重するとともに，習慣を改善する必要がある場合は個々に合った方法を検討し，よりよい食習慣が身につくよう心がけたい。また，高齢者には，長年大切に培ってきた食文化や食習慣があることを理解し，尊重するよう，心がけていきたい。

　また，表2-4のように，地域の食材（名産品）や郷土料理が，食文化として受け継がれており，住む人々などの食生活や人生を彩り，思い出につながっている。

表2-4　主な都道府県の名産品の食材と郷土料理

都道府県	名産品	代表的な郷土料理	都道府県	名産品	代表的な郷土料理
北海道	じゃがいも，昆布，バター	石狩鍋	山梨県	ほうとう，甲州ぶどう	ほうとう鍋
岩手県	南部そば，鼻曲りのさけ	わんこそば	長野県	信州そば，凍み豆腐	謙信寿司，おやき
宮城県	笹かまぼこ，ずんだ餅	おくずかけ	岐阜県	赤かぶ，朴葉味噌	朴葉焼き
秋田県	きりたんぽ，稲庭うどん	きりたんぽ鍋	静岡県	静岡茶，わさび，さくらえび	うなぎ料理，静岡おでん
山形県	六浄豆腐，くじら餅	いも煮	愛知県	守口漬け，きしめん	味噌煮込みうどん
福島県	やなぎがれい	つと豆腐	滋賀県	ふな，瀬田のしじみ	ふなずし
茨城県	水戸納豆，水郷のふな	ざりがにのつみれ汁	京都府	湯葉，生麩，九条ねぎ	たいかぶら，にしんそば
栃木県	かんぴょう，こんにゃく	法度汁，あゆ釜飯	岡山県	白桃，笹巻，マスカット	祭り寿司
群馬県	下仁田ねぎ，上州うどん	お切込み	広島県	かき，たい，広島菜漬け	かきの土手鍋
千葉県	落花生，九十九里のいわし	焼きさんが	香川県	讃岐うどん，観音寺のいりこ	いりこ飯
東京都	どじょう	深川めし，どじょう鍋，もんじゃ焼き	福岡県	明太子，八女茶，しろうお	筑前煮（ガメ煮）
富山県	ほたるいか，黒部すいか	ます寿司	鹿児島県	さつま揚げ，つぼ漬け，きびなご	酒寿司，つけあげ

1．食生活の機能と食文化　63

ワークシート ● 和食のマナーを考えてみましょう

実習生の川本博さんは，児童養護施設での実習で，子どもたちに食事マナーを指導することになりました。次の課題について，一緒に確認してみましょう。

作業1　正しい箸の使い方を確認してみましょう。

作業2　嫌われる箸の使い方について，考えてみましょう。

作業3　一汁三菜の献立（ごはん，味噌汁，天ぷら，野菜の煮物，お新香）の配膳を図に表してみましょう。

ワークシート ● 高齢者福祉施設での行事食などに関する取り組みを考えてみましょう

作業1
あなた住む地域の行事食や郷土料理について，食材や調理方法などを調べてみましょう。

	食材ー料理名	調理方法など
行事食		
郷土料理		

作業2
川村文子さん（83歳）は，毎月，施設のレクリエーションでおやつ作りに参加することで，季節の変化を感じたり，味わったりしています。春夏秋冬の四季の行事に合わせて，手軽にできるおやつ作りについて，考えてみましょう（例：春・お花見・桜餅づくり）。

---

2. 栄養素の種類と消化・吸収・代謝

（1）人体と栄養素，水

　私たちは，生命を維持し，成長や発育および生活活動を行うために，必要な物質を飲食物等で取り入れ，体内で利用している。このような状態を栄養という。栄養素とは成長や生命の維持，健康の増進など正常な生理機能を営むために必要な成分をいう。人体は，皮膚や臓器，骨格筋，脂肪組織，血液，骨・歯，神経などからなるが，主な成分は栄養素から組成される。

　図2-3に示すように，成人一般の場合，人体を100％とすると，血液や細胞内液などに含まれる水分が55〜60％，筋肉や臓器，皮膚などを構成するたんぱく質が20％，皮下脂肪などを構成する脂質が15〜20％，骨や歯などを構成するミネラルが4％で，糖質やビタミンは微量で，血液や筋肉，臓器などに含まれている。栄養バランスのよい食生活では，人体において，飲食物からとった栄養素の吸収・代謝と体成分の分解・合成がほぼ同じ速度で進行している。人体に必要な栄養素の出納バランスが調整された状態となることが，健康を維持し，成長する上での基礎となる。

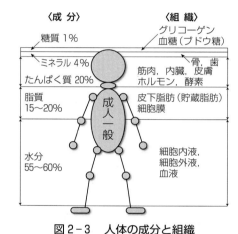

図2-3　人体の成分と組織
出典）田﨑裕美：『介護福祉のための家政学』（中川英子編著），建帛社，p.54（2004）

　たとえば体内の水分バランスは，1日当たり，飲料水や食物中の水分から約2L，呼吸の代謝による代謝水として約300mLを摂取する一方，排出では，尿や便などの排泄物で約1.3L，皮膚や呼気などから不感蒸泄として約1Lが出る。運動や就寝時などの発汗をはじめ，下痢・嘔吐で体内の水分が失われる際は，適時水分をとる必要がある。

（2）栄養素の種類と機能

　栄養素は成分や働きから，炭水化物（糖質と食物繊維），たんぱく質，脂質，ミネラル，ビタミンの5種類に分類され，5大栄養素というが，これに水を加えて6大栄養素という場合もある。このうち，エネルギー源となるたんぱく質，脂質，糖質（炭水化物）を3大栄養素という。5大栄養素は主な働きから，熱量素（身体で燃焼してエネルギー源となる成分），構成素（身体を構成する成分），保全素・調整素（身体の機能を調整する成分）に分けられる。

1）炭水化物

　糖質と食物繊維に分類できる。糖質は米，小麦などの穀類やいも類などの主成分で，食品中に含まれる糖質は消化管内で消化され，単糖類であるブドウ糖，果糖，ガラクトースとなって吸収される。その大部分は肝臓または筋肉内でグリコーゲンとなって貯蔵され，1gにつき4kcalのエネルギー源として少しずつ利用される。血糖は臓器が働くためのエネルギー源となるものであり，特に，脳・神経系は血液が供給するブドウ糖が主なエネルギー源となり，成人の場合で1日約400kcal（推定エネルギー必要量の約20％）を消費する。このため，成人では1日の総エネルギー必要量の50～65％エネルギー未満を，炭水化物から摂取することが目標量となる。

　食物繊維は人体では消化されない多糖類（難消化性繊維）で，不溶性食物繊維には穀類，いも類，野菜類（根菜類），豆類などに含まれるセルロース，水溶性食物繊維には果物のペクチン，こんにゃくのグルコマンナン，海藻類のアルギン酸などがある。生理的効果には，① 血中コレステロール値の抑制，② 血糖値上昇の抑制，③ 腸内の有害物質を包み込み排出する，④ コレステロール蓄積を抑制，⑤ 腸内善玉菌の活性化，⑥ 咀嚼回数の増加による満腹感，⑦ 便秘の予防や改善，などがある。1日の摂取目標量は成人の男性で20g以上，女性で18g以上である。

2）たんぱく質

　人体を構成する上で重要な栄養素で，皮膚，爪，筋肉，各臓器をはじめ，消化酵素，ホルモンなどを合成する。エネルギー源が不足した場合には，1g当たり4kcalを産生する熱量素にもなる。たんぱく質は炭素，水素，酸素のほかに，窒素や硫黄を含む化合物で，人体のたんぱく質は主に20種類のアミノ酸が結合してつくられている。このうち，人体で合成できない9種類のアミノ酸（バリン，ロイシン，イソロイシン，リジン，メチオニン，スレオニン，フェニルアラニン，トリプトファン，ヒスチジン）を必須アミノ酸という。人体のたんぱく質は複数のアミノ酸によって合成されるものであり，図2-4のように，必須アミノ酸をバランスよく含むのが卵などの動物性たんぱく質食品であり，植物性たんぱく質食品

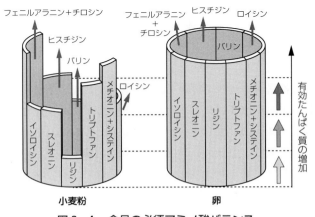

図2-4　食品の必須アミノ酸バランス

出典）味の素アミノ酸大百科　https://www.ajinomoto.co.jp/amino

では必須アミノ酸のバランスが整っていないために，有効なたんぱく質の量が大幅に減少する。なお，必須アミノ酸が1種類でも欠けたり，もしくは不足すると，栄養障害が起きる。このため，必須アミノ酸をバランスよく含むアミノ酸価の高い食品（乳・乳製品，卵のアミノ酸価＝100）をとったり，植物性たんぱく質食品に動物性たんぱく質食品を組み合わせる（例：パンに乳製品を加える）ことでアミノ酸を補う必要がある。

3）脂　質

中性脂肪，リン脂質，コレステロールなどの種類がある。食物に含まれる脂質の大部分は，中性脂肪（脂肪，トリグリセリド）で，脂肪酸とグリセリンから合成され，体内では皮下脂肪などの脂肪組織や血中に存在する。脂肪酸の種類によって，性状や栄養価に違いがみられる。飽和脂肪酸（常温で固体のものが多い，バター，ラードなど動物性脂肪が多い），不飽和脂肪酸（常温で液体のものが多い）は，一価不飽和脂肪酸ではオレイン酸など，多価不飽和脂肪酸では$n-6$系のリノール酸，$\gamma-$リノレン酸（植物性油脂），アラキドン酸（肉・魚・卵），$n-3$系は$\alpha-$リノレン酸，魚油に含まれるEPA（エイコサペンタエン酸），DHA（ドコサヘキサエン酸）などがある。このうち，多価不飽和脂肪酸であるリノール酸，$\alpha-$リノレン酸やアラキドン酸は生体の成長および機能の維持に不可欠な脂肪酸であり，人体で合成できないものを必須脂肪酸という。健康のためには，これらの脂肪酸をバランスよく摂取する。目安として，飽和脂肪酸：一価不飽和脂肪酸：多価不飽和脂肪酸は3：4：3，多価不飽和脂肪酸の$n-3$系脂肪酸：$n-6$系脂肪酸は1：4，がある。脂質は1g当たり9kcalの高エネルギーを産生するため，少食で摂取エネルギーの少ない高齢者にとって，効率のよいエネルギー源となる。一方，脂質の過剰摂取は肥満や脂質異常症，動脈硬化症などの原因になることから，成人では総エネルギー必要量の20〜30％エネルギー未満までが適切である。

4）ミネラル（無機質）

食品に含まれる成分のうち，炭素や水素，酸素，窒素などの有機質やビタミンを除いたものをいい，約40種類ある。体内で合成されないため，食物から摂取しなければならない。食品中の存在量が多い主要ミネラルと少ない微量ミネラルに分けられる。主な種類と特性等を表2−5に示す。人体の構成成分となったり，体内の代謝を調節する作用として働く。

5）ビタミン

食品中に微量含まれる栄養素であり，体内で調整素として働く。主なビタミンは13種類あり，性質から脂溶性ビタミンと水溶性ビタミンに大別される（表2−6）。

脂溶性ビタミンは，酸やアルカリ，熱に対して安定しており，脂質とともに摂取することで，消化・吸収率が上がるが，過剰摂取は内臓障害などの原因となる。

一方，水溶性ビタミンは，酸やアルカリ，熱によって壊れやすいため，効率よく摂取するためには適切に調理し，摂取する必要がある。過剰摂取しても，尿などに排泄されるため，人体への支障はほとんどない。

2．栄養素の種類と消化・吸収・代謝　*67*

表2−5　ミネラルの主な種類と生理作用など

種　類		特性（生理作用）	多く含む食品	主な欠乏症
主要ミネラル	カルシウム Ca	骨や歯の形成，血液凝固 細胞の情報伝達	牛乳，乳製品，小魚，野菜 大豆製品	神経過敏，不整脈 骨粗鬆症，筋肉の痙攣
	リン P	骨や歯の形成 糖質の代謝などエネルギーの生成	牛乳，乳製品，肉類，豆腐	歯槽膿漏 骨が弱くなる
	マグネシウム Mg	骨や歯の形成 神経・筋肉の興奮性維持	穀類，ナッツ	イライラ，不整脈 心臓発作
	ナトリウム Na	浸透圧の維持，神経・筋肉の興奮 pHの調整	食塩，しょうゆ，味噌 佃煮，漬物，ハム	脱水症状，熱中症 血圧低下
	イオウ S	皮膚や爪，髪を形成	チーズ，卵など	皮膚炎 爪がもろくなる
	カリウム K	pHの調整，神経・筋肉の興奮 血圧の調整	納豆，いんげん，枝豆 果物（すいか，かきなど）	血圧の上昇，不整脈 心不全の発症
微量ミネラル	鉄 Fe	赤血球のヘモグロビンとして酸素運搬，ミオグロビンが酵素を細胞に取り込む	レバー，卵黄，のり きなこ，ほうれんそう	貧血，肩や首の凝り 集中力・思考力の低下
	亜鉛 Zn	味覚・嗅覚を正常に保つ ビタミンCとコラーゲンの生成	レバー，貝類（かき，ほたて）	情緒不安定 味覚障害
	マンガン Mn	骨の形成 疲労回復	玄米，大豆，アーモンド	疲労しやすい 平衡感覚の低下
	ヨウ素 Na	成長の促進 甲状腺ホルモンをつくる	昆布，わかめ，のりなど	甲状腺腫 疲労しやすい

表2−6　ビタミンの種類と生理作用

分類	種類（化学名）		特性（生理作用）	主な欠乏症	多く含む食品
脂溶性ビタミン	ビタミンA （レチノール）		成長の促進，視力の調節 皮膚・粘膜の健康保持	夜盲症，眼精疲労 細菌の抵抗力減	レバー，うなぎ 緑黄色野菜，バター
	ビタミンD （カルシフェノール）		カルシウム・リンと共に骨をつくる 筋力の維持	くる病 骨粗鬆症	さけ，かれい，きくらげ 干ししいたけ
	ビタミンE （トコフェロール）		細胞の老化防止 発がんの抑制，血管の強化	未熟児の溶血性貧血 脂肪吸収障害，不妊	アーモンド，大豆 落花生，うなぎ
	ビタミンK （フィロキノン）		血液を凝固する	血液凝固の不良	納豆，緑黄色野菜 牛乳，乳製品
水溶性ビタミン	ビタミンB群	ビタミンB$_1$ （チアミン）	補酵素として，糖質の代謝に関係 消化液の分泌を促し，食欲増進	脚気，多発性神経炎	米ぬか，豚肉，うなぎ 卵黄，豆類
		ビタミンB$_2$ （リボフラビン）	補酵素として，エネルギー代謝に関係 粘膜の保護，成長の促進	口内炎 口角炎	レバー，アーモンド うなぎ，卵，チーズ
		ビタミンB$_6$ （ピリドキシン）	アミノ酸の代謝の促進 皮膚の健康を保つ	皮膚炎，口内炎 成長障害	まぐろ，さんま，さけ バナナ
		ビタミンB$_{12}$ （コバラミン）	成長促進，貧血予防 赤血球の生成	悪性貧血	あさり，レバー，卵 チーズ
		ナイアシン （ニコチン酸）	補酵素として，エネルギー代謝に関係 血行を良くする	ペラグラ 口舌炎	酵母，魚，レバー 乳・乳製品
		葉酸	貧血予防，皮膚の健康を保つ 成長や妊娠の維持に必要	大赤血球性貧血	レバー，肉，魚 ブロッコリー
		パントテン酸	免疫力強化，善玉コレステロールの増加 脂質の代謝に不可欠	栄養障害，血圧低下	レバー，穀類，卵
		ビオチン	髪や爪を健康に保つ 皮膚や粘膜の維持に必要	食欲不振，うつ 皮膚炎，脱毛	レバー，豆類，牛乳 ナッツ
	ビタミンC （アスコルビン酸）		コラーゲン生成，鉄の吸収に関係 ストレスに対する抵抗力増進	疲労感，壊血病，貧血 皮下出血，色素沈着	柑橘類，緑黄色野菜 さつまいも

（3）人体の代謝のしくみ

代謝とは，体内で生じるすべての化学変化とエネルギー変換のことをいう。人体では，食物からとったさまざまな栄養素が分解（異化）・吸収され，エネルギーや人体の成分となる（同化）。このような代謝の過程を物質面からみた場合を物質代謝，エネルギーからみた場合をエネルギー代謝という。

1）栄養素の消化・吸収

人が摂取した食物中に含まれる高分子化合物の栄養素を低分子化合物に消化して，体内に取り入れる過程を吸収という。

図2-5に示すように，口腔から入った食物は食道，胃，十二指腸，小腸，大腸を経て，肛門までの全長約9mの消化管を通って，消化・吸収が行われる。この間に，口腔内の咀嚼や胃の蠕動運動などの機械的消化や胃液・腸液などの消化液に含まれる消化酵素による化学的消化，腸内細菌

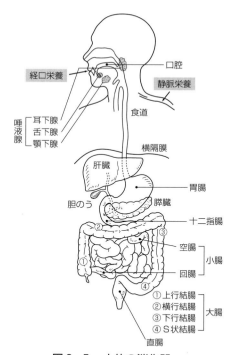

図2-5　人体の消化器
出典）田﨑裕美：『介護福祉のための家政学』（中川英子編著），建帛社，p.58（2004）

による生物的消化が行われる。5大栄養素のうち，高分子化合物である糖質，たんぱく質，脂質は，消化によって，ブドウ糖，アミノ酸，脂肪酸・グリセリンなどの低分子物質となり，消化管の内壁から吸収される。その一方で，ミネラル，ビタミン，水は低分子化合物であるため，そのまま胃や小腸の内壁から吸収される（図2-6）。

2）代　　謝

栄養素の代謝とは，胃壁や小腸の内壁より吸収された栄養素が，体内で構成素，熱量素，調整素として消費される過程をいう。小腸の内壁から吸収された栄養素は以下の①と②の2つの経路を通って，全身に運ばれ，さまざまな器官で利用されたり，貯蔵される。

① 炭水化物，たんぱく質，脂質の一部，ミネラル，水溶性ビタミン，水分の経路
　　腸の毛細血管 ⇒ 門脈 ⇒ 肝臓 ⇒ 静脈 ⇒ 心臓 ⇒ 動脈 ⇒ 全身
② 脂質，脂溶性ビタミンの経路
　　腸のリンパ管 ⇒ 胸管 ⇒ 静脈 ⇒ 心臓 ⇒ 動脈 ⇒ 全身

また，エネルギー源となる糖質，脂質，たんぱく質は，TCA回路（クエン酸回路）において，エネルギーとなるATP（アデノシン三リン酸）が生成され，二酸化炭素と水が排出される。リンパ管や門脈などの血管，血液，肝臓を通じて，栄養素が貯蔵されたり，全身を回って各組織で消費され，その後，残渣（例：アミノ酸は尿素）が尿中に排泄される。余ったブドウ糖はグリコーゲンとして肝臓や筋肉に蓄えられるが，余剰の場合は脂肪とし

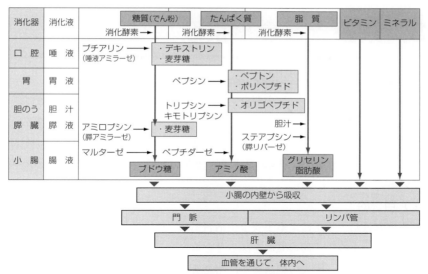

図2-6　5大栄養素の消化・吸収の過程
出典）田﨑裕美：『介護福祉のための家政学』（中川英子編著），建帛社，p.59（2004）

て蓄積される。

3）エネルギー代謝と代謝量

エネルギー代謝とは，体内に取り入れた食物が，エネルギー源として利用されるしくみであり，① 基礎代謝量（体温の維持，呼吸，脳・心臓の活動など生命維持に必要なエネルギー消費量であり，年齢や性別，体格，気温，体温，栄養状態によって違いがある），② 安静時代謝量（椅子に座るなど，一定の姿勢を保つためのエネルギー消費量），③ 運動時代謝量（家事や労働，運動などの身体活動を行うためのエネルギー消費量），④ 特異動的作用（食事を摂取することで体内の熱量生産が高まり，体が温まる）に分類される。

ワークシート ● 柴山さんの体調不良と食生活

作業

甘い物が大好きな柴山一（77歳）さんは，2型糖尿病の持病があるため，有料老人ホームでは，糖尿病向けの療養食を召し上がっています。生野菜や青菜の料理が苦手で，食べ残したり，手を付けないことが多いです。日頃から，便秘がちで，お腹の張りや，腹痛を訴えることがあります。食生活からその原因と対応について考えてみましょう（ヒント：野菜の食物繊維の働き）。

---

3. 栄養素と食事摂取基準

(1) 日本人の食事摂取基準

　食事摂取基準とは，1日に必要なエネルギーや栄養素をどのくらいとったらよいかの基準を示したものである（表2-7）。この値は「日本人が食べるべき栄養素の量」を信頼度の高いエビデンス（研究・調査およびその解析結果から実証され，導かれた科学的な裏づけのこと）に基づき提示したもので，2005年に厚生労働省によって策定され，5年ごとに改訂している。

1) 目　的

　栄養摂取過剰・不足による主要な生活習慣病（糖尿病，高血圧症，脂質異常症，腎症など）の発症予防と重症化予防の徹底を図るとともに，社会生活を営むために必要な機能の維持および向上を図り，国民の健康維持，増進を目的としている。特に2020年からは高齢者の

表2-7　幼児期，青少年期，壮年期以降の食事摂取基準〔日本人の食事摂取基準（2020年版）〕

身体活動レベル	年齢(歳)	性別	エネルギー(kcal/日) 推定エネルギー必要量	たんぱく質(g/日) 推定平均必要量	推奨量	脂質(%エネルギー) 目標量	炭水化物(%エネルギー) 目標量	食物繊維(g/日) 目標量	ビタミンA(μgRAE/日) 推定平均必要量	推奨量	ビタミンB₁(mg/日) 推定平均必要量	推奨量
Ⅱ(ふつう)	1〜2	男性	950	15	20	20〜30	50〜65	—	300	400	0.4	0.5
		女性	900	15	20				250	350	0.4	0.5
	3〜5	男性	1,300	20	25	20〜30	50〜65	8以上	350	450	0.6	0.7
		女性	1,250	20	25				350	500	0.6	0.7
	18〜29	男性	2,650	50	65	20〜30	50〜65	21以上	600	850	1.2	1.4
		女性	2,000	40	50			18以上	450	650	0.9	1.1
Ⅰ(低い)	50〜64	男性	2,200	50	65	20〜30	50〜65	21以上	650	900	1.1	1.3
		女性	1,650	40	50			18以上	500	700	0.9	1.1
	65〜74	男性	2,050	50	60	20〜30	50〜65	20以上	600	850	1.1	1.3
		女性	1,550	40	50			17以上	500	700	0.9	1.1
	75以上	男性	1,800	50	60	20〜30	50〜65	20以上	550	800	1.0	1.2
		女性	1,400	40	50			17以上	450	650	0.8	0.9

身体活動レベル	年齢(歳)	性別	ビタミンB₂(mg/日) 推定平均必要量	推奨量	ビタミンC(mg/日) 推定平均必要量	推奨量	ナトリウム(mg/日)食塩相当量(g/日) 推定平均必要量	目標量	カルシウム(mg/日) 推定平均必要量	推奨量	鉄(g/日)女性18〜29歳は月経あり 推定平均必要量	推奨量
Ⅱ(ふつう)	1〜2	男性	0.5	0.6	35	40	—	(3.0未満)	350	450	3.0	4.5
		女性	0.5	0.5	35	40	—	(3.0未満)	350	400	3.0	4.5
	3〜5	男性	0.7	0.8	40	50	—	(3.5未満)	500	600	4.0	5.5
		女性	0.6	0.8	40	50	—	(3.5未満)	450	550	4.0	5.5
	18〜29	男性	1.3	1.6	85	100	600(1.5)	(7.5未満)	650	800	6.5	7.5
		女性	1.0	1.2	85	100	600(1.5)	(6.5未満)	550	650	8.5	10.5
Ⅰ(低い)	50〜64	男性	1.2	1.5	85	100	600(1.5)	(7.5未満)	600	750	6.5	7.5
		女性	1.0	1.2	85	100	600(1.5)	(6.5未満)	550	650	5.5	6.5
	65〜74	男性	1.2	1.5	80	100	600(1.5)	(7.5未満)	600	750	6.0	7.5
		女性	1.0	1.2	80	100	600(1.5)	(6.5未満)	550	650	5.0	6.0
	75以上	男性	1.1	1.3	80	100	600(1.5)	(7.5未満)	600	700	6.0	7.0
		女性	0.9	1.0	80	100	600(1.5)	(6.5未満)	500	600	5.0	6.0

３．栄養素と食事摂取基準　　*71*

低栄養予防やフレイル予防も視野に入れている。

　学校給食・保育所・病院・高齢者施設などが食事提供や栄養管理を行う時や保健所や健康増進施設などが栄養指導を行う時に基礎となるデータである。

２）策定するエネルギーおよび栄養素

　エネルギーは，エネルギー摂取の過不足の回避を目的とした指標にしており，エネルギーの摂取量および消費量のバランス（エネルギー収支バランス）の維持を示す指標として，BMI（Body Mass Index：体格指数のことで成人の肥満度の国際的な指標。一番死亡率の少ない体格 BMI を目標としている）を用いて，体重変動により評価している（表2-8）。そのため，参考値として推定エネルギー必要量（表2-7）を身体活動レベル（表2-9）に分け掲載されている。実際には目標とする BMI の範囲を維持できるエネルギーとする。

　栄養素の指標（表2-10）は，３つの目的からなる５つの指標で構成している。具体的には，摂取不足の回避を目的とする３種類の指標（推定平均必要量・推奨量・目安量），過剰摂取による健康障害の回避を目的とする指標（耐容上限量），および生活習慣病の発症予防を目的とする指標（目標量）である。

表2-8　目標とする BMI の範囲（18歳以上）

年齢（歳）	目標とする BMI（kg/m²）
18〜49	18.5〜24.9
50〜64	20.0〜24.9
65〜74	21.5〜24.9
75以上	21.5〜24.9

出典）厚生労働省：『日本人の食事摂取基準（2020年版）』，第一出版，p.61（2020）

表2-9　身体活動レベル別にみた活動内容の代表例

	低い（Ⅰ）	ふつう（Ⅱ）	高い（Ⅲ）
身体活動レベル	1.50 （1.40〜1.60）	1.75 （1.60〜1.90）	2.00 （1.90〜2.20）
日常生活の内容	生活の大部分が座位で，静的な活動が中心の場合	座位中心の仕事だが，職場内での移動や立位での作業・接客等，通勤・買い物での歩行，家事，軽いスポーツ，のいずれかを含む場合	移動や立位の多い仕事への従事者，あるいは，スポーツ等余暇における活発な運動習慣を持っている場合

出典）厚生労働省：『日本人の食事摂取基準（2020年版）』，第一出版，p.76（2020）

（２）　食生活指針と食事バランスガイド

　一人ひとりの健康増進，生活の質の向上，食料の安定供給の確保などを図ることを目的として，2000年に「食生活指針」が策定された。具体的に行動に結びつけられるものとして2005年に厚生労働省と農林水産省から公表されたものが「食事バランスガイド」である。「五大栄養素」や「三色食品群」は，「食品」そのものに含まれている栄養素や，その働きごとに，食品群やグループなどで分類したものだが，「食事バランスガイド」は，

表2-10 栄養素の指標

目的	指標	設定基準
摂取不足からの回避	推定平均必要量	日本人の50％が必要量を満たす値
	推奨量	日本人の97～98％が必要量を満たす値
	目安量	十分な科学的根拠が得られず，推定平均必要量と推奨量が設定できない場合に使用する値
過剰摂取による健康障害の回避	耐容上限量	健康障害をもたらすリスクがないとみなされる習慣的な摂取量の上限
生活習慣病の発症予防	目標量	現在の日本人が当面の目標とすべき値

　１日に「何を」「どれだけ」食べれば，偏りのない食事になるのか，「料理」の組み合わせとして目安をわかりやすくイラストで示しているものである。「食事バランスガイド」を使って料理グループごとに分類することで，どんな食品を食べたのか，また，どんな働きのある栄養を，どれだけ摂取できているのかを，知ることができる（図2-7）。主食，副菜，主菜，牛乳・乳製品，果物の５つの料理区分を基本とし，水・お茶，菓子・嗜好飲料で構成されている。水分は，１日の食事の中で欠かせない身体の主要な構成要素という意味からコマの軸として，菓子・嗜好飲料は「楽しく適度に」というメッセージを添えてコマのヒモとして表現している。回転（運動）することにより初めてバランスが確保される"コマ"の型を採用している。料理に使用されている「油脂」「調味料」が表現されていないことは，今後の課題である。

　基本形は「成人向け」（想定エネルギー量はおおよそ2,200±200kcal）とし，区分ごとに１日に摂るおおよその量（単位）「１つ（SV：サービング）」と表記されている。

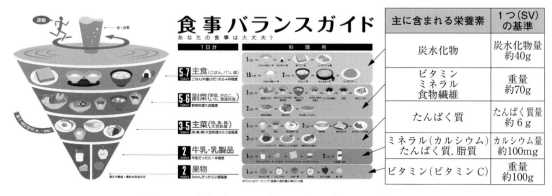

図2-7　食事バランスガイドと主に含まれる栄養素

出典）農林水産省・厚生労働省「食事バランスガイド」に加筆

ワークシート ● バランスガイドを使って食事のチェックをしてみましょう

作業1

　自分のBMIを計算してみましょう。
　BMIの算定は「体重（kg）/［身長（m）］^{2}」　例：165cm　60kgの場合　60kg÷1.65m^2＝22.0kg/m^2

3．栄養素と食事摂取基準　　*73*

作業2

　表2-7を参考に自分に必要な推定エネルギー必要量，栄養素量を記入してみましょう。
エネルギー（　　　　　）kcal，たんぱく質（　　　　　）g，脂質（　　　　　）g
炭水化物（　　　　　）g，食物繊維（　　　　　）g

作業3

　1．自分に必要なSV数を表から確認し，各区分の必要SVに○をつけてみましょう。

性別，年齢別適正SV

男性		エネルギー (kcal)	主食	副菜	主菜	牛乳・乳製品	果物	女性	
6〜9才	低い*1 → ふつう*1以上 →	1400〜2000	4〜5	5〜6	3〜4	2 2〜3*2	2	6〜9才 70才以上	
70才以上								低い*1	10〜17才 18〜69才
10〜11才 →		2200±200 **基本形**	5〜7	5〜6	3〜5	2 2〜3*2	2		
12〜17才 18〜69才 →	低い*1 → ふつう*1以上 →	2400〜3000	6〜8	6〜7	4〜6	2〜3 2〜4*2	2〜3	ふつう*1以上	

＊1　身体活動レベル（p.71，表2-9参照）　＊2　子ども
出典）厚生労働省・農林水産省：「『食事バランスガイド』で実践　毎日の食生活チェックブック」，p.1を一部改変

　2．食事チェックシートに昨日の食事を記入し，QRコードにアクセスし，料理例を見ながら，食べたSVを記入し，コマを塗りましょう。SVの計算方法：1つは2／3〜1.5未満，2つ以上は四捨五入しましょう。

食事チェックシート

	料理	主食	副菜	主菜	牛乳	果物
朝						
昼						
夕						
間食						
計						

月　　日（　）

主食 1 2 3 4 5 6 7
副菜 1 2 3 4 5 6
主菜 1 2 3 4 5
牛乳・乳製品 1 2　果物 1 2

運動

感想

出典）厚生労働省・農林水産省：「『食事バランスガイド』で実践　毎日の食生活チェックブック」，p.13

　3．適量と自分の食べたものを比べてみましょう。

目標SVと実際SV

つ（SV）	主食	副菜	主菜	牛乳・乳製品	果物
目標SV					
実際SV					

4. 食品の分類と選択

(1) 食品の分類

1) 食品の分類と食品成分表

　食品は、生鮮食品と加工食品に大別できる。生鮮食品は、鮮魚、生肉、野菜、果実など、一般的に品質の劣化が早いものが多く、選ぶ際は、鮮度を見極めると共に、食品に合った方法で保存することで、劣化や変質を防ぐようにする。加工食品は生鮮食品に、乾燥や塩蔵、燻製などの加工を行い、嗜好性や貯蔵性を高めたもので、賞味期間が長いものが多い。

　このような食品に含まれる栄養素などのデータをまとめたものが「日本食品標準成分表」(以下、食品成分表) である。現在使用されている食品成分表 2020年版 (八訂) では、日常使用される食品を中心に、植物性食品 (1～9類)、動物性食品 (10～13類)、油脂 (14類)、加工食品 (15～18類) の順に、五十音順に食品名が掲載されている。食品番号、索引番号、食品名に加えて、食品の成分に関する項目は、廃棄率、エネルギー、水分、たんぱく質、脂質、炭水化物、有機酸、灰分、無機質、ビタミン、アルコール、食塩相当量など、54項目にのぼる。これらの成分は、すべて可食部 (食べられる部分) 100g 中の量で示されており、肉類、魚介類、野菜類などでは、調理後の成分も収載されている。

　食品成分表は、それぞれの食品に含まれる成分を知る上でも、食品を選択したり、栄養バランスのよい献立を作成するために、活用されている。学校給食、介護福祉施設や保育所などの福祉施設、病院では、管理栄養士・栄養士が食品成分表を用いて、献立の栄養価を算定することで、基準値を満たすよう栄養管理が行われている。

3) 食 品 群

　食品に含まれる成分の構成が似ているものを1つの食品群に集めて分類したものが食品群である。「6つの基礎食品群」(表2-11) と、体内での働きが同様の食品を分類した「三色食品群」(表2-11) と「4つの食品群」(表2-12) がある。このうち、厚生労働省が提唱しているのは6つの基礎食品群で、食品群ごとに年代別にみる食品群別摂取量が定められており、毎回の献立を立てる際にはこの摂取量を基準として、使う食品や量を決めることができる。

(2) 食品の加工と表示

1) 食品の加工

　食品の加工方法には、乾燥 (昆布、乾しいたけ、するめなど) や塩蔵 (塩さけ、塩蔵わかめなど)、燻製 (スモークハムなど) などがあり、① 保存性が増し、安全で衛生的なものにする、② 消化しやすくする、③ 嗜好性を向上させる、という利点がある。

　このような加工食品には、おいしく食べることのできる期間である「賞味期限」を設定し、明記するように定められている。未開封なら数週間から数年間保存できる食品に用い

4．食品の分類と選択　　**75**

表2-11　三色食品群と6つの基礎食品群

<table>
<tr><td rowspan="3">三色
食品群</td><td>群</td><td colspan="2" align="center">赤　群</td><td colspan="2" align="center">緑　群</td><td colspan="2" align="center">黄　群</td></tr>
<tr><td>働き</td><td colspan="2" align="center">血や肉をつくる</td><td colspan="2" align="center">体の調子を整える</td><td colspan="2" align="center">働く力や熱となる</td></tr>
<tr><td>食品</td><td colspan="2">魚・肉・豆類・乳・卵</td><td colspan="2">緑黄色野菜・淡色野菜・
海藻・きのこ</td><td colspan="2">穀類・砂糖・いも類・油脂</td></tr>
<tr><td rowspan="4">6つの
基礎
食品群</td><td>群</td><td>第1群</td><td>第2群</td><td>第3群</td><td>第4群</td><td>第5群</td><td>第6群</td></tr>
<tr><td>働き</td><td>骨や筋肉など
をつくる
エネルギー源
となる</td><td>骨・歯をつく
る
体の各機能を
調節</td><td>皮膚や粘膜の
保護
体の各機能を
調節</td><td>体の機能を調
節</td><td>エネルギーと
なる</td><td>エネルギーと
なる</td></tr>
<tr><td>主な
栄養素</td><td>たんぱく質</td><td>ミネラル（カ
ルシウム）</td><td>ビタミンA
（カロテン）</td><td>ビタミンC</td><td>炭水化物</td><td>脂質</td></tr>
<tr><td>食品</td><td>魚類・魚介加工
品，肉・肉加工
品（ハム，ソー
セージなど），
卵，大豆・大豆
製品（豆腐，み
そなど）</td><td>牛乳・乳製品
（ヨーグルト，
チーズなど），
小魚（ししゃ
も，堅くちいわ
しなど），海藻
（わかめ，のり，
ひじきなど）</td><td>緑黄色野菜*，
しゅんぎく，
ほうれんそ
う，ブロッコ
リー，にんじ
ん，グリーン
アスパラなど</td><td>その他の野
菜・果物（キャ
ベツ，うど，
みかんなど）</td><td>米，パン，め
ん，い も 類
（じゃがいも，
さつまいもな
ど），砂糖</td><td>油脂類（サラ
ダ油，マーガ
リン，マ ヨ
ネーズなど）</td></tr>
</table>

＊カロテン含有量が100g当たり，600μg以上

表2-12　4つの食品群

(香川芳子案)

<table>
<tr><td rowspan="3">4つの
食品群</td><td>群</td><td colspan="2" align="center">第1群</td><td colspan="2" align="center">第2群</td><td colspan="3" align="center">第3群</td><td colspan="3" align="center">第4群</td></tr>
<tr><td>食品名</td><td>乳・乳製品</td><td>卵</td><td>魚介・肉</td><td>豆・豆製品</td><td>野菜</td><td>いも類</td><td>果物</td><td>穀類</td><td>砂糖</td><td>油脂</td></tr>
<tr><td>働き</td><td colspan="2" align="center">栄養を完全にする</td><td colspan="2" align="center">血や肉をつくる</td><td colspan="3" align="center">体の調子をよくする</td><td colspan="3" align="center">力や体温となる</td></tr>
</table>

られる。その食品の品質が変質してしまう期間より余裕をもって定められている。牛乳な
どのように，保存期間が数日間しかない食品には「消費期限」を使用する。

　加工食品には，賞味期限以外にも，原材料名などの表示が定められている。加工食品
は，一度封を開けることで，空気中の微生物などが混入してしまい，保存期間が短くな
る。開封したあとは，表示に記載されている保存方法に従って保存し，早めに使い切るこ
とが重要である。

2）食品の表示

　生鮮食品は，食品表示法に基づいた「食品表示基準」により，食品の名称と原産地の表
示や，食品によって期限表示が義務づけられている（図2-8）。

　加工食品も同じく，食品表示基準により表示義務が定められており，必ず表示しなけれ
ばならない（図2-9）。以下に加工食品の主な表示について説明する。

　①　原材料名：加工食品を製造する際に使った食品と食品添加物が表示されている。食
　　　品のうち，指定された食品については原産地，アレルギー物質を含む場合はその旨の
　　　表示が義務づけられている。

　②　内容量：加工食品の重さ（g）や個数が明記されている。

③ 期限表示：期限表示には，消費期限と賞味期限の2種類がある。両者とも開封前であり，指定の保存方法（④保存方法参照）により適切に保存されたものについて有効である。

④ 保存方法：その食品の消費期限・賞味期限まで品質を保つために，どのような方法で保存すればよいのかが表示される。

⑤ 製造者・販売者：表示について責任をもつ会社（製造者，販売者）の名称，住所が表示される。

```
フィリピン産（太平洋）　解凍
メバチマグロ（刺身用）1000円　200g
消費期限　令和7.12.3
保存方法　10℃以下で保存
○○株式会社　　東京都千代田区○○○
```
図2-8　生鮮食品の表示例

```
品名：ポークソーセージ（ウィンナー）
原材料名：豚肉・食塩・水あめ・蛋白加水
　分解物（大豆を含む）・香辛料・調味料
　（アミノ酸等）・リン酸塩（Na・K）・保存
　料（ソルビン酸）・pH調整剤・酸化防止
　剤（ビタミンC）・発色剤（亜硝酸Na）
内容量：134g
賞味期限：2025.05.15
保存方法：10℃以下で保存して下さい
販売者：○○株式会社
　　　　△△県□□市××1-1-1
```
図2-9　加工食品の表示例

3）食品添加物

食品添加物は，食品衛生法により，「食品の製造過程において又は食品の加工若しくは保存の目的で，食品に添加，混和，浸潤その他の方法によって使用する物」と定義されている。目的別にみると，① 食品の保存性を高める（保存料，酸化防止剤，品質保持剤，防かび剤など），② 食品の風味や外観をよくする（着色料，香料，甘味料，発色剤など），③ 製造上欠かせない，作業工程の効率を高める（食品製造用添加物，消泡剤，膨張剤など），④ 食品の品質を変化させる（増粘剤，発色剤，糊料，乳化剤など），⑤ 栄養を強化する（栄養強化剤：アミノ酸類，ビタミン類など）の5種類がある。現在，化学的合成品，天然添加物にかかわらず，厚生労働省に認可されている食品添加物は1,000種以上にのぼる。

4）食品表示マーク

食品表示マークは，それぞれの用途別に規格が定められており，その審査を通過した食品だけがつけることができる（表2-13）。近年，健康食品は，健康志向の高い消費者に支持され，大幅に売り上げが伸びている。国が定めた基準を満たす「保健機能食品」には，栄養機能食品（定められた栄養成分のみで表示することができる）と特定保健用食品（許可された保健の用途を表示できる），機能性表示食品（事業者の責任において表示し，届出）がある。

（3）食品の保存

食品の保存に対する理解は，安全でおいしい食事の提供のみならず，食品廃棄量の減少にもつながり，食料自給率の低いわが国にとって，重要なことである。食品の主な保存方法には，① 冷蔵，② 冷凍，③ 乾燥，④ 加工（塩蔵，酢漬け），⑤ 殺菌（缶づめ，レトルト，びんづめ），⑥ 紙で包装（新聞紙で野菜を包む）がある。冷凍冷蔵庫の機能が向上していることを過信し，食品の保存方法に問題がある場合も多くみられるため，図2-10に示すように，適切な方法で保存し，食品を保存期間内に食べることが重要である。

4．食品の分類と選択

表2-13 日常生活で見られる食品表示マーク

名　称	食　品	特　徴
JASマーク	飲食料品及び油脂（即席めん，マーガリン類，ジャム等53品目，2023年現在）	・登録認定機関の検査により，品位，成分，性能等の品質についてのJAS規格を満たす食品や林産物につけられる
飲用乳の公正マーク	牛乳 低脂肪乳，特別牛乳，加工乳，乳飲料など	・飲用乳の種類別名称（加工乳など），成分の割合，主要原材料名が表示される ・殺菌，内容量，消費期限又は賞味期限，保存方法，製造所所在地，製造者などを明記しなければならない
特別用途食品マーク	・病者用食品（低たんぱく食品など） ・妊産婦，授乳婦用粉乳 ・乳児用調製乳 ・えん下困難者用食品	・妊産婦，高齢者用の食品など，特別な用途に適すると消費者庁が認めた食品につけられる
特定保健用食品マーク	ヨーグルト・清涼飲料水など	・からだの生理学的機能などに影響を与える，消費者庁が認めた食品につけられる保健機能成分を含む

出典）田﨑裕美：『介護福祉のための家政学』（中川英子編著），建帛社，p.67（2004）を改変

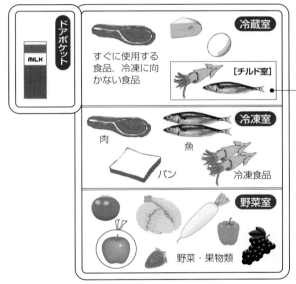

図2-10 冷凍冷蔵庫の使用方法

出典）田﨑裕美・中川英子編著：『生活支援のための調理実習 第2版』，建帛社，p.25（2014）より改変

ワークシート ● 災害に備える非常食（備蓄食）について，考えてみましょう

作業

日頃から，災害に備えて3日分の食料（9食分）と水（1日当たり3L：飲料水1L，その他2L）を備蓄することが奨励されています。あなたの家族に必要な3日分の備蓄食とその保管方法について，考えてみましょう。

5. 食の安全と食中毒

（1）食の安全

1）食の安全とは

　食の安全は，私たちの健康を守る上で，きわめて重要な課題である。安全でおいしい食事を提供する際の危害要因として，① 生物学的要因（食中毒，ウイルス，寄生虫），② 化学的要因（農薬，添加物など），③ 物理的要因（放射能，日光，湿度）などがあげられる。

　食の安全を守るために，国は，「食品衛生法」や「日本農林規格等に関する法律（JAS法）」，「製造物責任法（PL法）」（加工食品に限る）などによって，食品の栽培や生産，製造，販売等の過程を管理している。また厚生労働省では，HACCP（ハサップ）システム（次頁のコラム参照）により，食品の購入，保存，調理等の過程をはじめ，家庭での食品の衛生管理をトータルな視点からとらえることを推奨している。

　各メーカーや小売店は，法律に沿って食品の製造・販売を行っているが，食品の安全性が疑問視される機会も多く，消費者が食品を選択するために必要な知識をもつことで，毎日の食生活を安心して送ることができるよう心がけたい。

2）食の安全をめぐる問題

① 食品に含まれる化学物質

　食の安全をめぐり，環境ホルモン，残留農薬，食品添加物，放射能汚染など食品に含まれる化学物質が，人体へ及ぼす影響への関心が高くなってきている。環境ホルモンは正式には，外因性内分泌攪乱物質というが，殺虫剤や除草剤，プラスチック製品から，環境中に溶け出し，食物連鎖を通じて人体に入り，ホルモンに作用するといわれる物質である。

　残留農薬とは，収穫後の農作物に残る農薬をいい，2006年に農林水産省はポジティブリスト制度を導入し，残留農薬の基準値を超える食品が流通することを禁止している。食の安全性を高めるために，農薬や化学肥料の使用量や使用期間を制限したり，土壌改良を行うことで，有機栽培（オーガニック栽培）や特別栽培（無農薬，減農薬，低農薬）による農作物も生産されている。

　食品添加物は1,000種以上が認められており，化学合成品と天然添加物に大別できる。これらの添加物は人体に影響がないと判断されたものがADI（1日の摂取許容量）に基づき，認可されている。東日本大震災（2011年3月）以降，食品の放射能汚染も食の安全をめぐる問題となっている。農林水産省は，農畜水産物等に含まれる放射性物質（放射性セシウム濃度）の検査結果をもとに出荷調整を行い，その結果を公表している。食の安全に関する情報は風評被害もあるため正しい情報により判断したい。

② 遺伝子組換え食品

　遺伝子組換え技術（除草剤耐性，害虫抵抗性などを目的）を利用して作られた農作物を遺伝子組換え農作物，それを原料として作られた加工食品を遺伝子組換え食品という。遺伝子組換えの農作物の例として，大豆，なたね，とうもろこしがある。

HACCP（ハサップ）とは

　HACCPとは，NASA（アメリカ航空宇宙局）が宇宙食の安全性を管理するために考案した方法で，危害分析（HA），重要管理点（CCP）のことをいいます。製造における重要な工程を連続的に管理することにより，製品の安全性を保障する衛生管理の手法です。
　このシステムを家庭の食生活にあてはめると，① 食品の購入，② 食品の保存，③ 下準備，④ 調理，⑤ 食事，⑥ 残った食品や料理の保管などの6つのポイントがあります。これらを連続的に管理することで，食の安全が保たれます。

　同技術の使用は，歴史的にも日が浅く，人工的に作られた農作物であることから，食品としての安全性や生態系への影響等が疑問視されている。我が国では，「食品衛生法」「食品表示法」の安全基準に基づき，使用が許可されており，加工食品の原材料として使用した場合は，表示を義務づけている。

③ 食品トレーサビリティ

　2000年代に入り，牛海綿状脳症（BSE）や産地偽装など食の安全性をめぐる問題が契機となり，トレーサビリティ制度ができた。食品トレーサビリティとは，「食品の移動を把握できること」であり，食中毒など健康に影響を与える事故などが発生した際に，問題のある食品の流通経路を追跡し，原因を調査し遡及することができる。農林水産省は法令で定めのある牛と米・米製品に加えて農作物，畜産物，水産物についても導入を推進している。

④ 食品の変質と変敗

　食品は時間経過とともに，空気中や食品中に存在する細菌やカビの胞子などの微生物によって変質が起きる。変質により食用にならない状態を変敗という。食品が変敗しないよう，早めに対処を行うよう心がけたい。

（2）食中毒と食物アレルギー

1）食中毒とは

　変質・変敗と異なり，食中毒を起こす微生物に侵された食品は，見た目やにおいなどでは判別できない。食中毒とは，原因となる細菌やウイルスが付着した食品や，有毒・有害な物質が含まれる食品を食べることによって，頭痛・発熱のほか，嘔吐・腹痛・下痢などの健康被害の症状が起きることをいう（表2-14）。

2）食中毒の予防

　細菌性の食中毒を予防するために，① 菌をつけない，② 菌を増やさない，③ 菌を殺す，の3原則がある。①は，まな板などの調理器具を清潔に保ち，調理する際に食品に微生物をつけないようにする。②は，食品などを適切な環境で保存し，微生物を繁殖しにくくする。③は，熱湯をかける，加熱調理をするなどで微生物を死滅させる，などの方法で，家庭でも簡単に行うことができる。

80　Ⅱ. 食 生 活

表 2-14　主な食中毒の種類

分類		原因菌等	感染源	主要症状	備考
細菌性食中毒	感染型（菌そのものが害を与える）	サルモネラ菌	鶏卵・食肉	下痢・腹痛・嘔吐・発熱	・60℃30分，80℃数分の加熱で死滅
		腸炎ビブリオ菌	海産物	下痢・発熱・腹痛・嘔吐	・塩水中で生息 ・60℃10分の加熱で死滅
	毒素型（菌が産生する毒素により中毒を起こす）	病原性大腸菌	ヒトあるいは動物の腸管内より糞などを介する	下痢・血便・腹痛・発熱	・重症だと死亡することも ・産生毒素ベロ毒素は80℃10分の加熱で失活 ・O-157はこの1種
		黄色ブドウ球菌	手指に切り傷などがあると繁殖	嘔吐・腹痛・下痢	・集団給食や弁当などの室温保存で発生多数 ・産生毒素エンテロトキシンは100℃1時間の加熱でも失活せず
		ボツリヌス菌	缶詰などの殺菌時に残った芽胞の毒素産生	悪心・嘔吐・頭痛・神経麻痺症状	・酸素が無くても繁殖 ・重症だと死亡することもある ・芽胞は耐熱性だがボツリヌス毒素は80℃30分の加熱で失活
		ウェルシュ菌	前日に大量に加熱調理され，容器のまま室温などで保管されたカレー，シチュー，スープなど	腹痛・下痢（嘔吐や発熱は比較的少ない）	・毒素はエンテロトキシン ・大量調理は，小分けにして保冷し，食べる前に，十分に加熱する
		セレウス菌	食品内毒素型（チャー飯，ピラフなど）生体内毒素型（肉料理，プリンなど）土壌，水中などに芽胞で存在	嘔吐・腹痛・下痢	・調理後の食品や料理を室温のまま放置せず，保冷する。 ・再加熱は十分に行う
ウイルス性食中毒		ノロウイルス	生がき，ほたて，あさりなどの2枚貝（十分加熱してないもの）	発熱・腹痛・嘔吐・下痢	・冬季に多発（12月から1月） ・人から人へ感染 ・中心部まで十分に加熱（85～90°で90秒以上）
自然毒食中毒	動物性自然毒	ふぐ毒	ふぐの卵巣，肝臓など	神経麻痺症状	・死亡率が非常に高い ・毒素テトロドトキシンは卵巣，肝臓などに多く存在し，耐熱性
	植物性自然毒	きのこ毒	テングダケなどの毒きのこ	嘔吐・神経麻痺症状	・一部のきのこを除き死亡率は低い
		アルカロイド含有植物	じゃがいもの芽	腹痛・嘔吐・めまい・幻覚	・毒素ソラニンがじゃがいもの芽や緑色の部分に存在 ・耐熱性 ・市販のじゃがいもは放射線の照射により発芽を防止している
化学性食中毒		油脂の変敗	揚げ油 賞味期限を過ぎたインスタントラーメンなど	嘔吐・下痢・腹痛・頭痛	・乾燥物でも油脂を多く含む食品で発生する
		有害元素	製造時の異物混入 環境汚染など	急性：腹痛・下痢など 慢性：神経障害など	・水俣病などの公害が該当
カビ		カビ毒	小麦・米・とうもろこし・大豆・さけ・豚肉など	けいれん・皮膚の壊疽・消化器障害・頭痛・めまい・腹痛など	・カビの発生は食品中の水分が15～16%以上 ・細菌性食中毒より長期的な危険性が高い

梅雨から夏場（5月～9月）は、高温多湿のため、細菌が増えやすく、細菌性食中毒が増える傾向にある。また、冬場（12月～3月）はウイルス系の食中毒（ノロウイルスなど）が多く発生している。高齢者や乳幼児など、抵抗力が弱いので、食中毒にかかる危険性は高くなる。食材の鮮度に気をつけるとともに、まな板などの台所用品、布巾、冷蔵庫内などの衛生管理にも十分な注意が必要である。

（3）食物アレルギー

食物アレルギーは、身体が食物に含まれるたんぱく質などを異物として認識し、自分の体を過剰に防御することで、粘膜や皮膚の腫れ・発疹（唇、まぶた、口腔内、皮膚など）や嘔吐、咳・ぜん息などの症状を起こすことをいう。重篤な場合は、アナフィラキシーショックを起こし、意識障害・呼吸困難となり、生命に関わる場合もある。

表2-15に示すように、国が原因食品として、重篤度・症例数の多い8品目を特定原材料とし、食品表示を義務づけするとともに、特定原材料に準ずる20品目についても表示を推奨している。特定原材料の中でも、卵、乳、小麦は原因食物全体の約60％を占めている。そばおよび落花生（ピーナッツ）は重篤な症状が多く、えびおよびかには成人期の新規発症や誤食が多い。くるみは、近年、症例数が増加している。

表2-15　食物アレルギーの原因食品　　　　　　　　　　　　　　　　　　　　　（2024年3月28日改正）

特定原材料8品目	えび、かに、くるみ、小麦、そば、卵、落花生（ピーナッツ）
特定原材料に準ずる20品目	アーモンド・あわび・いか・いくら・オレンジ・カシューナッツ・キウイフルーツ・牛肉・ごま・さけ・さば・大豆・鶏肉・バナナ・豚肉・マカダミアナッツ・もも・やまいも・りんご・ゼラチン

ワークシート　居宅介護での調理と食中毒予防

介護福祉士の秋山さんは、金山さんの居宅介護で、一緒に調理をすることになりました。食中毒を予防するための留意点について考えてみましょう。

作業1
手を石鹸で洗ったり、消毒するのはどのような時でしょうか。

_____

_____

作業2
まな板を洗う（消毒する）必要があるのはどのような時でしょうか。

_____

_____

_____

6. 健康と食生活

（1） 健康とは

　健康の定義として，WHO（世界保健機関）の「身体的，精神的および社会的に完全に良好な状態で，単に疾病または病弱でないことだけをさすものではない」がよく用いられている。健康には「栄養」「運動」「休養」の3つの要素があり，これらのバランスを整えることが，健康の維持・増進につながる。日常生活では，風邪やインフルエンザなどの感染症をはじめ，過労やストレスなど健康を阻害するさまざまな要因がある。私たちは生体の調整機能であるホメオスタシス（恒常性）の働きによって，健康状態を保っている。

　日本人の老衰を除いた主な死因は，悪性新生物（がん），心疾患（心臓病），肺炎，脳血管疾患である。生活習慣病と関係する疾患が多く，遺伝的な素因のほか，栄養の偏りや運動不足，ストレスなどが大きくかかわることから，栄養，運動，休養などの生活習慣を見直すことで，健康づくりを心がけていきたい。

（2） 国民健康・栄養調査，健康日本21と食生活

　厚生労働省（旧厚生省）は，国民の健康状態および栄養素などの摂取状況を把握するために，1945（昭和20）年より，「国民健康・栄養調査」（旧「国民栄養調査」）をコロナ禍にあった2020，2021年を除き，毎年実施している。

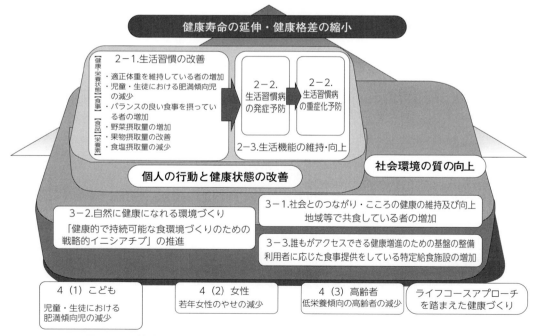

図2-11　健康日本21（第三次）の概念図と栄養・食生活に関連する目標
出典）厚生労働省健康局健康課栄養指導室：「健康日本21（第三次）について～栄養・食生活関連を中心に～」，p.10（2023）

6. 健康と食生活　　*83*

　この結果を受けて，同省では健康づくり対策として，1988年から国民健康づくり対策を実施し，栄養，運動，休養を対象とした普及啓発を行い，生活習慣病の第一次予防や第二次予防に努めている。具体的には，2000年より，21世紀における国民健康づくり運動として，「健康日本21」（現在，第三次2023～2032年）に取り組み，生活習慣病を中心とした施策を体系的に捉え，食生活，飲酒，喫煙などに関する目標値を定めて，実現に向けた保健活動を行っている。健康日本21（第三次）では，「栄養・食生活は，多くの生活習慣病（NCDs）の予防・重症化予防のほか，やせや低栄養等の予防を通じた生活機能の維持・向上の観点からも重要である」とし，図2-11のように，概念図と目標を示し，ライフステージ別の課題をあげている。

　2000年3月に，当時の厚生省，文部省，農林水産省が策定した「食生活指針」は，具体的な食事内容から，日常生活習慣の問題，資源問題，食料自給率の問題まで，「食」に関するさまざまな問題を取り上げ，指針を示している。

　これらの内容を基に，ライフステージ別に食生活と健康について，みていきたい。

（3）　ライフステージ別にみる食生活と健康

　ライフステージによって，食生活と健康の現状と課題が変化するのかを理解したい。

1）乳児期

　乳汁栄養には母乳栄養，人工栄養，両方を取り入れる混合栄養がある。母乳は免疫体を含み，消化吸収もよく，シズ（SIDS：乳幼児突然死症候群）のリスクが低減するなど利点が多い一方で，母親の食生活や体調に影響されやすく，乳児の成長と共に，鉄分などの栄養素が不足する。このため，生後5～6カ月頃から，離乳食をはじめ，月齢や離乳の進み具合で，段々と食品の種類を増やしていき，1歳～1歳半頃までに幼児食に移行する。離乳食の完了期には，必要な栄養成分のほとんどを食事からとれるようになる。

2）幼児期（1～5歳）

　1～2歳は，大人の食事に近いスタイルの食事がとれるようになる時期である。かみつぶしができて，乳歯が生えそろうことで，硬めの食べ物の咀嚼もできるようになる。消化器の発育は不十分で，繊維の多いもの，硬すぎるもの，香辛料などは避けたい。

　3～5歳は，発育，発達が盛んな時期であり，好き嫌いなどがみられる時期である。活動と食事のリズムが大切であり，グループでの食事や箸使いができるようになったり，自我がめばえることで，一人ひとりに合った接し方が大切になる。

3）学童期（6～12歳）

　6～12歳の学童期は心身の成長が盛んな時期であり，永久歯に生え変わり，年齢とともに，筋肉や骨格が発達し，女子では高学年になると女性ホルモンの分泌が始まる。食生活では，たんぱく質やカルシウムをはじめ，栄養バランスが重要となる。間食・朝食・夕食のバランスが崩れたり，休日の食生活が課題となる。

4）青少年期（13～30歳）

　中高生は栄養摂取量が最も多くなる時期であり，成長や身体活動レベルに応じた食事を

とる必要がある。特に部活動などによって，消費エネルギーや発汗量などが多い場合は，補食や水分補給などの機会を設ける必要がある。塾通いや部活動，夜型の生活によって，食事のリズムが崩れやすく，外食の機会も増えるため，食の自立を考えたい。

　大学生となり，親元から離れる場合は，毎日の食事を整えるための知識や技術が必要となる。親元から通学する場合も，勉強やクラブ，アルバイトなどによって，生活リズムが大きく変化することから，栄養バランスのよい食事をどのようにとるかが，課題となる。

　社会人となってからは，仕事などの生活リズムや住まいによって，食生活も大きく変化する。朝食欠食が最も多いのがこの時期であり，食を通じた健康管理を身につけたい。

5）壮年・中年期 (30〜64歳)

　働き盛りであり，社会的にも家庭内においても，さまざまな役割を担う時期である。加齢とともに，心身の機能に変化がみられ，基礎代謝も低下していく。これまでの生活習慣や遺伝的要因から，高血圧症，糖尿病，肥満などの生活習慣病になるリスクが増大する。食生活を通じて，生活習慣病を予防・改善するための知識・技術を身につけ，日常生活で実践することが大切であり，その後の健康状態に大きな影響がみられる。

6）高年期 (65歳〜)

　子育てがひと段落し，仕事も定年を迎えることで，日常生活のリズムが大きく変化する時期である。加齢とともに高血圧症など生活習慣病の罹患率が上昇し，複数の疾患を抱える場合も多くなる。日常の生活習慣を見直すことで，生活習慣病などの悪化を防いだり，健康診断結果から推奨される食生活を通じた健康管理が大切になる。

コラム 　　　　　「健康でいたい」——熱中症について

　総務省消防庁の熱中症情報によると，2023（令和5）年8月には，熱中症により3万4,835人が救急搬送されています。高齢者が最も多く，次いで成人，少年，乳幼児の順となっています。

　熱中症にならないように，こまめな水分補給などは周知されてきていますが，それだけでは熱中症を防ぐには十分とはいえません。

　要支援のレベルで，家事の一部に支援を受け自立した生活をしていた一人暮らしの高齢者が，熱中症で救急搬送された事例があります。円背で腰に痛みがあることから，運動はできませんでしたが，何十年も毎朝，乾布摩擦を欠かさず，腎不全だった夫のために10年以上も減塩食など制限のある食事を作っていた努力家でした。子どもはいなかったため，夫の死後は誰にも迷惑をかけないように，それまで以上に健康によいとされることは何でも試していました。

　しかし，それが熱中症を招いてしまったのです。減塩食，少なすぎる食事量が原因の食事からとれる水分の不足，安眠のための水分制限，体を冷やさないようにとエアコンの使用も控えていたことが原因でした。現在，健康寿命をどのように伸ばすか，さまざまな取り組みが各地で行われています。週刊誌やテレビでも，健康についての特集が組まれ，健康によいとされる食などの情報もあふれています。それらの情報（主に健康な成人，中年を対象にしていることが多く，高齢者を対象としていないことがある）を受け，健康でいたいがために誤った食生活，生活環境をつくり出してしまう場合もあります。紹介した事例からも，その人の価値観，それまでの生活背景，性格，生活環境を考慮することはもとより，アセスメントを進めるためには，食に関しての基礎知識が重要であることがわかります。基礎的な知識があるからこそ，個別性に対応した支援が考えられるのです。

6．健康と食生活　85

ワークシート ● 食生活調査と健康づくり

作業

① 私たちの健康は食事の栄養面以外にも規律面や嗜好面，衛生面によって，さまざまな影響を受けています。日頃の食生活と健康について，Ⓐ 生活面，Ⓑ 栄養面，Ⓒ 衛生面，Ⓓ 嗜好面に関する下の問いに答えて，自分自身の状態をチェックしてみましょう。

分類	番号	内容	Ⅰ（0点）	Ⅱ（1点）	Ⅲ（2点）	点数
Ⓐ生活面	1	食事の時間はいつも決まっていますか	決まっていない	時々不規則になる	いつもほぼ同じ	
	2	食事の量（適量）を考えていますか	考えていない	時々考える	いつも考えている	
	3	食事と休養，活動のバランスがとれていますか	とれていない	時々とれる	ほぼとれている	
	4	食欲がありますか	いつもない	時々ない	いつもある	
Ⓑ栄養面	5	食事のときに，食品の組み合わせについて考えますか	考えない	時々考える	考える	
	6	ふだん欠食することがありますか	ほぼ毎日している	週2，3回する	ほとんどしない	
	7	色の薄い野菜や果物類を毎食食べますか	ほとんど食べない	1日1，2回食べる	ほぼ毎食，食べる	
	8	にんじん，ほうれんそうなどの緑黄色野菜を食べますか	ほとんど食べない	週3，4回食べる	ほぼ毎日食べる	
	9	肉，魚，卵，豆・豆製品などを食べていますか	ほとんど食べない	1日1，2回食べる	ほぼ毎食，食べる	
	10	牛乳やヨーグルト，チーズなどの乳製品を食べていますか	ほとんど食べない	週3，4回食べる	ほぼ毎日食べる	
	11	わかめ，のりなどの海藻類を食べていますか	ほとんど食べない	時々食べる	ほぼ毎日食べる	
	12	ラーメン，パンだけというような主食中心の食事をしていませんか	毎日している	週3，4回する	ほとんどしない	
	13	外食や中食（市販のお弁当などの利用）を週に何回していますか	ほぼ毎日	週3，4回	週2回以下	
	14	料理の味付けは市販のものに比べてどうですか	濃いほう	同じ	薄いほう	
Ⓒ衛生面	15	食品の鮮度や消費期限，賞味期限に気をつけますか	気をつけない	時々気をつける	いつも気をつける	
	16	調理や食事の前に，手洗い等をしますか	しない	時々する	いつもしている	
	17	調理や食事の際，食中毒に気をつけていますか	ほとんど気にしない	時々気をつける	いつも気をつけている	
Ⓓ嗜好面	18	お菓子やジュースなどの間食を食べますか	毎日食べる	時々食べる	ほとんど食べない	
	19	タバコを吸いますか	毎日吸う	時々吸う	吸わない	
	20	1日にお酒をビール大瓶1本または日本酒1合以上飲みますか	毎日飲む	時々飲む	飲まない	

出典）田﨑裕美・中川英子編：『介護福祉のための家政学』，建帛社，p.81（2004）より改変

② 分類ごとに点数を計算し，あなたの食生活と健康の問題点をあげてみましょう。また，その改善方法について考えてみましょう。

	点数	問題点	改善方法
Ⓐ生活面	／8		
Ⓑ栄養面	／20		
Ⓒ衛生面	／6		
Ⓓ嗜好面	／6		
合　計	／40		

7. 献立作成

(1) 献立作成の基本

食品を組み合わせると料理になる。その料理を組み合わせて作るのが献立であり，1日に3食，均等に食べられるように作成する。食品には，栄養素摂取・健康維持・楽しみの要素があり，この3つの機能を組み合わせて計画を立てていく。

1) 献立作成の留意点

対象になる人の必要な栄養素を満たす（年齢・性別・身体活動）。
彩りも考え，多様な食品を選択し，組み合わせに配慮する（主食・主菜・副菜）。
対象者の嗜好を配慮する。
季節感をもって食文化の伝達伝承を心掛ける（旬の食材）。

2) 献立作成の手順（成人の場合）

① 主食を決める…1日で5～7SVを目安（図2-7，p.72）に毎食使用する。
② 主菜を決める…肉・魚・卵・大豆製品のどれかを毎食60～80g目安に使用する。
③ 副菜を決める…野菜・いも・海藻・きのこなどを毎食50～70g，2皿を目安に使用し1/3 (120g) 以上が緑黄色野菜になるようにする。
④ 汁物を決める。
⑤ デザートを決める。

3) 調理方法が重ならないようにする (p.92～)

生食調理：洗う・切る・混ぜる・つぶす・しぼる・冷やす・漬ける。
加熱調理：煮る・ゆでる・焼く・蒸す・炊く・揚げる・炒める・和える。

表2-16 年齢別・性別・身体活動レベル別食品構成（身体活動レベルⅡ） (g)

バランスガイド		主食	主菜				副菜					乳製品	果物	その他	
6つの食品群		Ⅴ	Ⅰ				Ⅲ	Ⅳ	Ⅱ	Ⅳ	Ⅴ	Ⅱ	Ⅵ	Ⅴ	
年齢	性別	穀類	魚介類	肉類	卵	大豆製品	緑黄色野菜	その他野菜	海藻類	きのこ類	いも類	乳製品	果実類	油脂類	砂糖類
1～2歳	男	270	40	30	30	40	60	120	15	15	30	150	100	5	10
	女	250	40	30	30	40	60	120	15	15	30	150	100	5	10
3～5歳	男	330	60	45	50	50	90	150	15	15	50	200	150	10	10
	女	300	60	45	50	50	90	150	15	15	50	200	150	10	10
18～29歳	男	630	90	90	50	100	120	210	20	20	50	250	200	25	20
	女	530	80	80	50	90	120	210	20	20	50	250	200	20	20
65～74歳	男	480	80	80	50	90	120	210	20	20	50	250	200	20	20
	女	480	60	60	50	80	120	210	20	20	50	250	200	15	20
75歳～	男	480	80	80	50	90	120	210	20	20	50	250	200	15	20
	女	480	60	60	50	80	120	210	20	20	50	250	200	15	20

（2）　生活習慣病と献立作成

1）生活習慣病と食生活

　生活習慣病の発症は，長期間にわたる習慣的なエネルギー・栄養素摂取量が影響しており，小児期からの食習慣が成人後の循環器疾患の発症やその危険因子に影響を与えていると報告されている[2]。自覚症状がないまま進行してしまうことが多いため，日頃の規則正しい食生活管理が重要である。各個人の体型や年齢・病態は，さまざまなため，個別対応が必要である。

① 高血圧症

　高血圧症とは，慢性的に血圧が高い状態（収縮期140mmHg 以上，拡張期90mmHg 以上）を指すものである。脳卒中，心疾患，腎疾患などのリスクがあり，腎機能低下によるものや肥満が原因のものがあるため，対象者に合わせた食事支援が必要である。

　生活習慣の修正項目として，a 6g/日未満の減塩，b 野菜・果物・魚の積極的摂取，c BMI25未満の体重管理，d 軽強度の有酸素運動，e 節酒（ビール中瓶１本・日本酒１合・焼酎0.5合以下），および f 禁煙が推奨されており，組み合わせることで効果が高くなることが報告されている。

② 肥満症

　肥満症（obesity disease）は，体脂肪（中でも内臓脂肪）を減量しなければ，心血管疾患や糖尿病などの生活習慣病や月経異常，睡眠時無呼吸症候群などを併発するリスクが高いものである。全飢餓療法（絶食）は危険なため，a リバウンドを起こさないように，3〜6か月で3〜5％程度の体重減少が得られるようにエネルギーバランスを「負（マイナス）」にして内臓脂肪を減少させることが重要である。炭水化物が多く，たんぱく質割合が少ない食事や早食いは，肥満と関連すると報告されており[3]，b ゆっくりよく噛んで食べることが推奨されている。食事内容は，c 必須アミノ酸を含むたんぱく質，ビタミン，ミネラルの十分な摂取が必要であり，特に副菜である野菜，きのこ，海藻類は食物繊維が多く，減量の効果は高い[3]。朝食欠食が１食当たりのエネルギー摂取量の増加，アルコール摂取量の増加に関連し，肥満になる原因の１つとされている[4]。

③ 糖尿病

　糖尿病は，血液中の糖分が慢性的に高い状態を示す病態である。インスリン（糖の取り込みをよくするホルモン）の作用不足〔分泌不足か抵抗性（インスリンは分泌されているが，利きにくい状態）〕で起こるため，原因により個別対応が必要である。合併症（網膜症・腎症・神経障害・動脈硬化性疾患など）を予防するには，血糖をコントロールすることが目標となる。肥満者は体重減少を目指す。食べ方では，a 規則的に３食とること，b ゆっくりよく咀嚼して食べること，c 食物繊維の多い食品（野菜・海藻・きのこ類）やたんぱく質を多く含む食品を先に食べること，d 糖質の多い穀類，いも類は３食均等に適正量食べること，e 食事内容は，精製しない穀類（雑穀など）・ナッツ類をとり，食品の種類は，できるだけ多くすること，f 動物性脂質（飽和脂肪酸）を控えること，g ブドウ糖含有飲料や菓子類などの単純糖質を多く含む食品を避けることが有効[5]とされている。就寝前に

とる夜食は，肥満の助長，血糖コントロールの不良の原因となり，合併症をきたすリスクが高くなり，朝食を抜く食習慣が，2型糖尿病のリスクになることが示されている。

④ 脂質異常症

脂質異常症は，動脈硬化性疾患，特に心筋梗塞および脳梗塞の危険因子となる疾患であり，高LDL（low-density lipoprotein）コレステロール血症，低HDL（high-density lipoprotein）コレステロール血症，高TG（triglyceride）血症の3つのタイプがある。食事は，伝統的な日本食（The Japan Diet，図2-12）を基本とする。

高LDL-C血症は，a コレステロールと飽和脂肪酸を多く含む肉の脂身，内臓，皮，乳製品，卵黄，およびb トランス脂肪酸を含む菓子類，加工食品（ショートニングを使用した食品）の摂取を抑える，c 食物繊維と植物ステロールを含む未精製穀類，大豆製品，海藻，野菜類の摂取を増やす。

低HDL-C血症は，a トランス脂肪酸の摂取を控える，b n-6系多価不飽和脂肪酸の摂取を減らすために植物油の過剰摂取を控える。

高TG血症は，a 糖質を多く含む菓子類，飲料，穀類の摂取を減らす，b アルコールの摂取を控える，c n-3系多価不飽和脂肪酸を多く含む魚類の摂取を増やす。

⑤ 高尿酸血症

高尿酸血症は，血清尿酸値が高い状態であり，腎機能低下や痛風発作や動脈硬化性疾患の原因となる。生活指導として体重増加に伴い尿酸値が高くなるため，a 摂取エネルギーの適正化を図る。尿酸は，プリン体を原料として体内でつくられるため，b プリン体の多い食品（肉・魚類）をとりすぎないようにする，c 果糖やショ糖の入った飲み物はプリン体を分解する働きがあるため控える，d 尿からの排出を促すため，尿をアルカリ化する食品（海藻・きのこ・野菜）を積極的にとる，e 十分な水分摂取（尿量2000mL/日以上）を行う，f 尿からの排出を阻害するアルコールは控える，g 適度な有酸素運動も有効である。

⑥ 腎臓病

慢性腎臓病とは，慢性的に腎機能が低下した状態である。腎臓は，体内の老廃物や余分

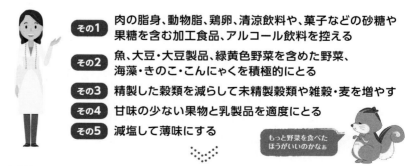

図2-12 「The Japan Diet」
出典）日本動脈硬化学会：『The Japan Diet 動脈硬化を知る×動脈硬化を予防する食事』，p.2（2020）

な水分を尿として排出する役割があるため，尿にたんぱく質が漏れたり，老廃物や水分がたまったりすると，だるさ，頭痛，吐き気などの症状が出ることがある。食欲が低下する場合も多い。腎機能の重症度に合わせ，ステージ分けをしている。進行とともにエネルギーやたんぱく質などの摂取基準値は異なり，個別に対応する。食塩やたんぱく質を制限することで，腎臓への負担を減らせる。a 食塩は，ステージを問わず3g～6g未満/日を推奨している。b 適正体重が維持できるエネルギー量を確保し，c たんぱく質の摂取量は，必要最低限にすることが重要である。d 1回の食事に負担がかからないように欠食をせず，e エネルギー，たんぱく質は3食均等にすることを推奨している[6]。具体的には，f 主菜は，ステージに合わせ成人の場合，健常人の2/3～1/2とし，g アミノ酸スコア，消化吸収率を加味した効率のよい食品（卵，肉，魚，大豆製品）を使用する。h 適切な水分摂取をする（1.5L/日）。サルコペニアのリスクがある場合は制限を緩和する。

2）高齢者の低栄養

後期高齢者が要介護状態になる原因には，「認知症」や「転倒」と並んで「フレイル」（心身の衰えによる生活機能低下）があり，どれも低栄養との関連がきわめて強い。また，高齢者の身体機能障害，転倒の危険因子である「サルコペニア（筋力の減少または筋肉量の減少）」を予防することが，転倒予防や介護予防の観点からも重要である。低栄養の危険因子の一つとして，歯の欠損がある。噛みにくい野菜類，肉類食品を避け，デンプン類が豊富な食品を好むようになり，たんぱく質，カルシウム，ビタミン類の摂取低下につながるため，食材の選び方・調理の工夫も必要である[7]。

① サルコペニアとフレイル

高齢者は筋たんぱく質合成能が低下しているため，若者より血中アミノ酸を必要とする。たんぱく質を合成するために必要なたんぱく質量（20～30g/食）に達しないと日中のたんぱく質の分解が促進されるため，a エネルギー不足にならないように3食とも主食，主菜，副菜をしっかり食べる，b 毎食手のひらサイズ（図2-13）のアミノ酸スコアのよいたんぱく質源をとる。c たんぱく質合成能が低下する慢性炎症を改善するため，n-3系多価不飽和脂肪酸の多い魚（青魚など）をとる，d 多様な食品を組み合わせ，必要な栄養素をまんべんなく摂取することが重要である。食品摂取の多様性スコア（図2-14）を利用するとよい。

② 骨粗鬆症

骨粗鬆症は，骨の代謝バランスが崩れ，骨形成よりも骨破壊が上回る状態が続き，骨がもろくなった状態である。骨量は成長期に増加し，20歳頃に最大骨量に達するため，成長期に骨量を十分に増加させることが重要である[8]。カルシウムは骨のミネラル成分の重要な構成栄養素であるが，腸管からの吸収にはビタミンDの影響も受け，カルシウムとビタミンDを組み合わせることにより骨密度上昇効果，骨折予防効果があることが報告されている[8]。カルシウム薬やカルシウム

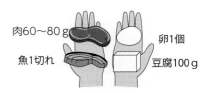

図2-13 手のひらサイズ

90   Ⅱ.食 生 活

食品摂取の多様性評価票

あなたは次にあげる10食品群を週に何日ぐらい食べますか。ここ1週間ぐらいの様子についてお伺いします。

	魚介類 (生鮮,加工品を問わずすべての魚介類)		緑黄色野菜類 (にんじん,ほうれん草,カボチャ,トマトなどの色の濃い野菜)
☐	肉類 (生鮮,加工品を問わずすべての肉類)	☐	海藻類 (生,乾物を問いません)
☐	卵 (鶏卵,うずらなどの卵で,魚の卵は含みません)	☐	いも類
☐	牛乳 (コーヒー牛乳,フルーツ牛乳は除く)	☐	果物類 (生鮮,缶詰を問わずトマトは緑黄色野菜)
☐	大豆・大豆製品 (豆腐・納豆などの大豆を使った食品)	☐	油脂類 (油炒め,天ぷら,フライパンに塗るバターやマーガリンなど油を使う料理)

1. ほとんど毎日　2. 2日に1回　3. 一週間に1〜2回　4. ほとんど食べない

※「ほとんど毎日」のみ1点　その他0点　　　　　　合計　　点

図2-14　食品摂取の多様性スコア

出典) 熊谷修, 他:「地域住宅高齢者における食品摂取の多様性と高次生活機能低下の関連」, 日本公衛誌, 第50巻12号, 1122 (2003)

サプリメントの使用は, 心血管疾患のリスクが高まる可能性がある[8]ため食品からとることが重要である。また骨に沈着するかどうかは骨形成の状態によって決まるため全体の栄養バランスも必要である。

バランスよく食べるためには, カルシウムを多く含む食品 (牛乳・乳製品, 小魚, 緑黄色野菜, 大豆・大豆製品), ビタミンDを多く含む食品 (魚類, きのこ類), ビタミンKを多く含む食品 (納豆, 緑色野菜) を意識してとること, 果物と野菜・たんぱく質の多い食品 (肉, 魚, 卵, 豆, 牛乳・乳製品など) を不足なくとることである。また, リンを多く含む食品 (加工食品, 一部の清涼飲料水), 食塩・カフェインを多く含む食品 (コーヒー, 紅茶)・アルコールのとり過ぎは, カルシウムの結合, 吸収を妨げるため注意する。ビタミンDは紫外線に当たることで皮膚でも合成される。運動は, 骨密度を上昇させるだけでなく, 背筋を強化して椎体骨折を予防することや, 運動機能を高めて転倒を予防する。

③ 嚥下障害

嚥下障害とは, 食べ物や水分を口の中に取り込んでから飲み込むまでの過程が, 正常に機能しなくなった状態である。加齢によるもの, 脳血管障害, 神経変性疾患, 筋疾患, 頭頸部腫瘍が原因といわれている。嚥下障害は, 誤嚥性肺炎の危険因子であり, 高齢者の死因として肺炎は, 高頻度であるため, 食事対応は重要である。レベルに合わせた食形態を選択する。

日本摂食リハビリテーション学会の嚥下調整食分類2021によって, 食形態は嚥下障害のレベルに合わせコード0〜4の5段階としている (図2-15)。

コード0・1:嚥下訓練食品の位置づけであるため誤嚥した際の組織反応や感染を考慮

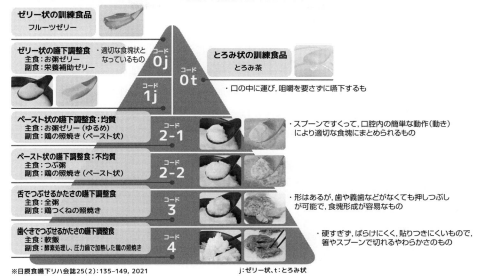

図2-15　嚥下調整食の分類

出典）株式会社フードケアより提供の図に加筆

して，たんぱく質含有量が少ないものが望ましい。症例によって，ゼリー状食品か，とろみ状食品を選択。

コード2：肉や野菜などの固形材料をミキサーにかけたりすりつぶしたりしてから再成型したもの。

コード3：つなぎや，あんかけを利用したやわらかい煮物，やわらかく仕上げた卵料理などを使用。

コード4：誤嚥や窒息のリスクのある嚥下機能および咀嚼機能の軽度低下のある人を想定。やわらかい食材や料理を切ったりほぐしたりしたものに，あんをかけ，付着性やばらつきやすさに配慮。

コードに合わせて高齢・病気などで噛む力や飲み込む力が弱くなった人のために，食べやすく配慮された加工食品（介護食品）や濃度を調節できる非加熱でとろみのつく市販のとろみ剤やとろみ調整食が販売されている。

④ 悪性腫瘍

悪性腫瘍は，食欲低下を起こしやすい疾患である。特に放射線治療を行うと食欲低下につながるため個別対応が必要である。口腔乾燥を起こしやすいため，a 水分が多く，のど越しのよいものをとる。b 食べられる食品を少量ずつとる。下痢のときはc 刺激物，脂肪，食物繊維の多いものを軽減し，d 臭いに敏感な場合もあるため臭いの強い食品は避け，個別対応する。e 化学療法では白血球・血小板の減少があり，新鮮な食材の加熱料理が望ましい。f 口内炎があるときはやわらかい料理にする。

8. 調　　　理

（1）調理と調理法

　調理とは,「食品を安全で衛生的なものにし,消化しやすくおいしく食べるために行う操作」であり,切る,加熱するなどの調理操作だけではなく,献立作成,準備から片づけまでの過程からなる。調理操作は,非加熱操作と加熱操作に大別できる（表2-17）。
　調理効果として,非加熱操作では,野菜などを切ることにより表面積が大きくなることで火の通りをよくし,小さくすることで咀嚼しやすくする。加熱操作では,肉や魚などを

表2-17　主な非加熱操作（上）・加熱操作（下）の特徴

調理操作	特　　徴	例
洗う	食品についている泥・細菌・農薬などの有害物質を除く	野菜の泥・農薬を落とす 魚のはらわたを出した後の水洗い
漬ける	調理しやすくする 食品の成分の変質を防ぐ うま味を出す	乾物をもどす（切り干しだいこんなど） りんご・じゃがいもの褐変を防ぐ 昆布などのだしをとる
混ぜる	材料を均一にする 乳化させる 口ざわりを変える	小麦粉とベーキングパウダーを混ぜる マヨネーズ パン生地をこねる,ハンバーグ生地をこねる
切る	食べられない部分を除く 食べやすい大きさにする 見た目をよくする 熱の通りをよくする	種を取る・皮をむく 野菜を切る（いちょう切り・小口切りなど） 野菜などの飾り切り だいこんの隠し包丁・いかの布目切りなど
おろす・する	食品の組織を均一にする 調味料を浸透しやすくする	噛み切りやすくなる　豆腐・ごまなどをすりつぶす（和え衣として使用するとき） 魚肉のすり身など
しぼる・漉す	固形物と液体を分離する 不要な部分を分離する 成形する	豆腐の水分をしぼる 卵液を漉す（卵焼き,茶碗蒸しを作るとき） 茶巾しぼり
冷蔵する 冷凍する	食感を向上させる 食品の品質を保持する	ゼリー・サラダなどを冷蔵する 肉類・魚類・調理済みの野菜を冷凍する
解凍する	元の食品に戻す 調理性を増す	冷凍保存していた調理済み食品を解凍する 刺身を半解凍させる（切りやすい）

調理操作	加熱方法	特　　徴
煮る	煮汁の熱の対流による加熱	・加熱温度は100℃を超えない（常圧の場合） ・1回に他種類・多数の食品が調理可能 ・加熱中の味付け可能
蒸す	水蒸気による加熱	・加熱温度は100℃を超えない（常圧の場合） ・卵液を蒸す場合は85～90℃に調節する ・加熱中の味付け不可能
焼く　炒める・焼くなど	フライパンなどからの伝導熱・放射熱	・フライパンへの食品の付着を防ぐために油をひく ・フライパン内の食品を動かす→炒める ・加熱中の味付け可能
焼く　オーブン加熱	空気の対流とオーブン壁からの放射,天板からの伝導	・体積の大きいものの加熱が可能 ・水分の蒸発が少ない　・加熱中の味付け不可能
揚げる	油の対流による加熱	・加熱温度は160～190℃ ・1回に大量の調理ができない ・加熱中の味付け不可能
電子レンジ加熱	マイクロ波照射による食品自身の発熱	・熱の効率がよく,短時間で加熱できる ・水分の蒸発が多い　・焦げ目がつかない ・加熱中の味付け不可能

出典）田崎裕美・百田裕子編著：『改訂　生活支援のための調理実習』,建帛社,p.29（2023）

焼く・煮るなどして火を通すことにより，付着した微生物を死滅させ，軟らかくして咀嚼しやすくするなど，嗜好性や安全性を高める効果がある。

（2）調理の実際
1）調理の基本操作

調理の基本操作の流れは，① 身支度と手洗い，② 料理の計画と決定，③ 調理器具や材料（食品，調味料等），食器等の準備，④ 調理，⑤ 盛り付け・配膳，⑥ 後片づけ，である。

安全面や衛生面等への主な配慮は，身支度では，活動性も考え，事故を防ぐため，服装や手の爪，髪の毛，アクセサリーに気をつけ，三角巾・エプロン・手拭き用タオルの身支度をする。手洗いは，手のひらだけではなく，指の間や爪，手首などにも汚れや雑菌が繁殖しやすいことから注意して洗い，身支度後も，別の食品の調理に移る際にも必ず行う。手指の化膿創は食中毒の原因となることから，ビニール手袋を着用し，直接の調理は避けるようにする。調理器具の準備は，調理台を台布巾で拭いたり，アルコール消毒をしてから行う。実際の調理は，図2-16のように，食事時間を目安に適温で食べられるよう，盛り付けや配膳までの段取りを考えて，効率的に調理する。

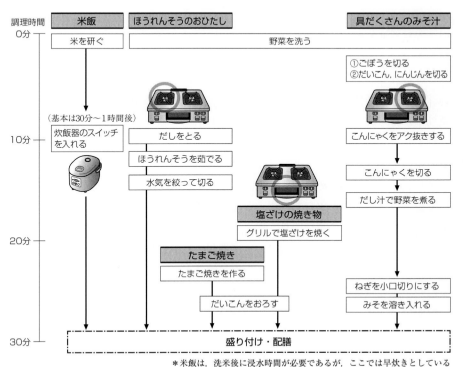

図2-16　調理時間配分の目安
出典）田﨑裕美・百田裕子編著：『改訂 生活支援のための調理実習』，建帛社，p.54（2023）

2）調理の設備・器具・エネルギー源

調理設備には，厨房設備（流し台，加熱用機器）と冷凍冷蔵庫，配膳台などがあり，作業の手順に従って配列することで，作業効率が向上する。動線に配慮したシステムキッチンが普及しているが，冷蔵庫や食器棚，配膳台などの配置も考えることで効率がよくなる。

表2-18の下段に，加熱操作の特徴を示したが，その種類には，次の4種類がある。

① 湿式加熱（湿熱加熱）：水を媒体として熱を伝える操作で，加熱温度は100℃が上限となる。茹でる，煮る，蒸す，炊くの調理方法で，被加熱物全体に熱が伝わりやすい。
② 乾式加熱（乾熱加熱）：水以外を媒体として熱を伝える操作で，焼く，揚げる，炒めるの調理方法。100℃を超えた加熱となる。
③ 電磁誘導加熱（IHクッキングヒーター　Induction Heating）：電気によって磁力線（磁場）を発生させ，IHのガラス製トップ上に置かれた鍋やフライパンなどの調理器具の底面を発熱させる。電磁力の作用で底面のみが発熱するため鍋の持ち手や取手は熱くなりにくい。また，段階的な温度調節が可能で，均一的な加熱ができる。
④ 誘導加熱（電子レンジ Microwave Oven）：真空管の一種であるマグネトロンからマイクロ波が食品に照射され，食品内部の水分子が振動し，食品自体が発熱する。

一般家庭における主な調理加熱用機器のエネルギー源はガスと電気で，ガスはガスコンロを用いる。ガスコンロは，ガスバーナーから出るガスを五徳の上に載せた鍋の底面との間の空気を通して直接発熱し，鍋を温める。家庭用ガスコンロ（一口の卓上コンロを除く）は，すべてのガスバーナーに「調理油加熱防止装置」や「立ち消え安全装置」の装着が義務づけられている。コンロの「消し忘れ消火機能」や鍋が乗った状態でなければ点火しない「鍋なし検知機能」を備えたものもある。電気によるIHクッキングヒーターは，高い熱効率が得られ，炎が出ないため引火や立ち消え，廃ガスの心配がなく，平面プレートで掃除もしやすい。使用できる鍋の材質も鉄，ステンレスだけでなく，周波数の増加や加熱コイルの工夫によって，アルマイト，多層鍋などに対応できるようになっている。一方，電子レンジは料理の温め直し，解凍，いも類や温野菜の下ごしらえなどに適している。金属を使った食器や卵や甲殻類のように殻があるものは一工夫する必要がある。最近では，電子レンジ専用の鍋や調理器具も増えており，使用方法を守ることで，短時間で多様な調理が安全にできるため，高齢者にとって活用したい加熱調理器具である。

調理にはいろいろな加熱方法があるが，水蒸気や，廃ガス，いろいろなにおいが発生するため，調理時は換気をすることが大切である。

照明は，直接光が目に入ると白内障が進み出している人にはまぶしく感じられるため，全体照明にし，少し暗くするとよい。身体に障がいがあり立位が困難な人には，専用の椅子に座って調理作業ができたり，電動昇降式のキャビネット，スイッチで開栓できる蛇口のようなユニバーサルデザインのキッチンやさまざまな自助具が普及することで，調理活動に参加する機会が増える。

(3) 料理様式とその特徴

1) 日本料理

　日本料理は米を主食に，野菜や魚，肉，果物などの旬の食材を使い，かつお節や昆布，煮干しなどのだし汁やしょうゆ，みそ，みりん，酒などの調味料を用いて，季節感を重視した料理である。料理法には，刺身やなます，焼き物，煮物，揚げ物，和え物，蒸し物，漬物などがあり，食材本来の味を生かした味付けに特徴がある。

　日本料理の様式には，本膳料理（正式な膳立てで一汁三菜を基本とし，三汁七菜の本膳，一の膳，二の膳がある），会席料理（本膳料理を略式化，袱紗料理ともいい，宴席で出される），懐石料理（本来は，茶会や茶席で出される簡素な料理），精進料理（仏教思想を基本とした料理で，魚介や肉類などの動物性食品を使用せず，植物性食品のみを使用する）などがある。

　料理の盛り付け方の基本は，ゆとりのある器に，中心を決めて，彩りを考えながら，山と谷を作るようにする（山水の法則）。さらに，① 魚料理では，一尾の魚は，腹を手前にして，頭を左側にし（頭左），手前にあしらい（大根おろしなど）を添える。切り身魚では，皮や背を奥に盛り付ける，② 煮物では，汁けがあるので，鉢に食材の配色を考え，中心を高くし，ふちにつかない程度の量を盛り付ける，などのコツがある。また，配膳では，図2-17のように，手前左にご飯，手前右に汁物，主菜は向こう右側，副菜は向こう左側，箸は手前が基本となる。

2) 洋食（西洋料理）

　洋食（西洋料理）とは，ヨーロッパ，アメリカなどの西洋諸国において発達した料理をいう。日本では，明治時代以降，欧米より，さまざまな料理が伝わってきたが，日本人に合うようアレンジされ，定着してきた。洋食の特徴としては，主食のパンやパスタなどは

配膳の基本（右利きの場合）

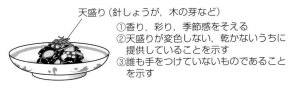

中鉢・小鉢の盛り付け方と天盛りの意義

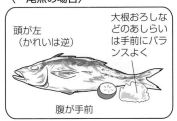

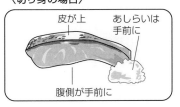

魚料理の盛り付け方

図2-17　和食の配膳例

出典）田﨑裕美・百田裕子編著：『改訂 生活支援のための調理実習』，建帛社，p.35（2023）

小麦粉で作られ，バターや植物油などの油脂を調理や味付けに多く用いることなどがあげられる。料理の種類は，スープや肉料理，魚料理，デザートなどがあり，野菜料理はサラダや添え物として用いられる。図2-18は洋食の盛り付け・配膳の基本である。

3）中華料理（中国料理）

中国の地域性による食材や味付けなどの違いから，北京料理，四川料理，上海料理，広東料理などがあり，日本の代表的な中華料理となっている。料理法は多彩であるが，調理器具が少ないこと，オイスターソースや豆板醬，甜麺醬など独特の調味料を用いることなども特徴である。医食同源の考え方のもと，酢豚や八宝菜などのように，肉類や魚介類に野菜類を多く取り混ぜた，栄養バランスのよい料理や，中国伝統の医学にもとづき作られた薬膳がある。図2-19は中華料理の盛り付け・配膳の基本である。

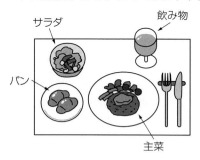
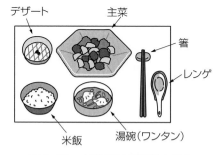

図2-18　洋食の配膳の基本（カジュアルの場合）　　　図2-19　中華料理の配膳の基本

 ターミナルケアと食事

　医療・看護における終末期（ターミナル期）のケアでは，食欲不振がみられることを自然のこととしてとらえた援助をすることが大切です。

　そのためには食事のポイントとして，① 好みや食事に対する思いを聞き，対応する（思い出の料理など）。ただし，食事が食べられなくなってから聞くのでなく，日々の会話の中で聞いておくことが大切である，② 栄養より，嗜好に合った食事，好きな味付けで少しでも食べる喜びが味わえるようにする。仮に食べられなくともその料理の形，香りから楽しめることがある，③ 季節のもの（旬のもの）を取り入れ，少量を器の色なども考えて彩りよく盛り付ける。においは嘔気・嘔吐を誘発しやすいので，料理のにおいが強くないものにする。闘病生活が長くなるほど季節感が薄れやすい中，季節を感じられることは喜びにつながる，④ 家族とともに食べられる場合は，同じ料理で食形態を工夫し，共に食べる喜びを感じていただく。のちに残された家族にとっても一緒に食べた思い出はかけがえのないものになる，⑤ 最後の一匙（ワンスプーン）まで食事を通して，生きる喜びを感じていただく，ことなどがあります。

ワークシート ● 早寝・早起き・朝ごはんの大切さを再確認しましょう

　2006年に「早寝早起き朝ごはん」全国協議会が発足され，以後，文部科学省は同協議会と連携して，「早寝早起き朝ごはん」国民運動を推進しています。早寝早起きや朝食をとるなど，子どもの望ましい基本的生活習慣を育成し，生活リズムを向上させるために，幼児から小・中・高校生対象にリーフレットなどを発行し，食育の一貫として実践されています。その結果を検証するために，2018年度に「早寝早起き朝ごはん」の効果に関するアンケート調査」を行い，その結果報告を2021年に公表しています。そこでは，子どもの頃「早寝早起き朝ごはん」という規則正しい生活を送っていた人ほど，大人になった現在の資質・能力が高い傾向がみられ，年代別にみると，年代が若いほど相関関係が強かったと報告しています。

　「早寝早起き朝ごはん」は，① 早起きして光を浴びる，朝ごはんを食べることで体内時計がリセットされて，睡眠リズムやホルモンの分泌，体温調節のコントロールなどをしている。② 朝ごはんは，脳や活動のエネルギーになるとともに，集中力を高める。腸を刺激し，便通をよくする。③ 十分な睡眠時間と熟睡はさまざまな生活習慣病の予防につながり，心身共に健康なからだをつくる，などの効果があります。その内容を具体的に調べてみましょう。

作業1
　起床時に，光を浴びることで幸せホルモンといわれるセロトニンが，14〜16時間後に睡眠ホルモンといわれるメラトニンが分泌されます。セロトニンとメラトニンの働きを調べてみましょう。

作業2
　朝ごはんは，炭水化物だけでなく，バランスのよい食事内容が必要です。特にたんぱく質は必須です。その理由を調べてみましょう。

作業3
　睡眠不足や熟睡できないことが生活習慣病にかかりやすくなっています。子どもや若者に多い生活習慣病を調べてみましょう。

作業4
　作業1〜3を通して，「早寝早起き朝ごはん」の大切さについて，理解したことを説明してみましょう。

【参考Webサイト】
「早寝早起き朝ごはん」全国協議会
文部科学省：「早寝早起き朝ごはん」国民運動の推進について
農林水産省：「早寝早起き朝ごはん」国民運動の推進

98　Ⅱ. 食 生 活

【引用文献】

1）江原絢子：「第8章 食文化・食習慣概念」（日本家政学会編『新版 家政学辞典』），朝倉書店，p. 479（2004）

2）Kaikkonen J.E., Mikkilä V., Raitakari O.T. : Role of childhood food patterns on adult cardiovascular disease risk. *Curr Atheroscler Rep* 16 : 443, 2014

3）日本肥満学会：『肥満症診療ガイドライン2022』，ライフサイエンス出版，pp. 53–57（2022）

4）矢野義記，他：「朝食欠食と肥満に関する検討」，総合健診，35（3）：pp. 317–323（2008）

5）日本糖尿病学会：『糖尿病治療ガイド2022-2023』，文光堂，pp. 49–52（2022）

6）Paddon-Jones D., et al. : Dietary protein recommendations and the prevention of sarcopenia : Protein, amino acid metabolism and therapy. *Curr Opin Clin Nutr Metab Care* 12 : 86–90, 2009

7）Iwasaki M., Yoshihara A., Ogawa H., : Longitudinal association of dentition status with dietary intake in Japanese adults aged 75 to 80 years. *J Oral Rehabil* 10 : 737–744, 2016

8）骨粗鬆症の予防と治療ガイドライン作成委員会『骨粗鬆の予防と治療ガイドライン2015年版』，ライフサイエンス出版（2015）

【参考文献】

・日本介護福祉学会事典編纂委員会編：『介護福祉学事典』，ミネルヴァ書房（2014）

・中央法規出版編集部編：『七訂 介護福祉用語辞典』，中央法規出版（2015）

・香川明夫監修：『八訂 食品成分表2023』，女子栄養大学出版部（2023）

・FLA ネットワーク協会編：『2024-2025年版 公式 食生活アドバイザー®2級テキスト&問題集』，日本能率協会マネジメントセンター（2023）

・FLA ネットワーク協会編：『2024-2025年版 公式 食生活アドバイザー®3級テキスト&問題集』，日本能率協会マネジメントセンター（2023）

・香川芳子監修：『家庭料理技能検定テキスト』，女子栄養大学出版部（2016）

・日本糖尿病学会編著：『糖尿病食事療法のための食品交換表 第7版』，文光堂（2013）

・農林水産省：「食事バランスガイドについて」，https://www.maff.go.jp/j/balance_guide/

・川村佐和子・後藤真澄・中川英子ほか編著：『介護福祉士養成テキスト11 生活支援技術Ⅳ―自立に向けた食事・調理・睡眠・排泄の支援と終末期の支援―』，ミネルヴァ書房（2009）

・柴田範子編：『介護福祉士養成テキストブック 生活支援技術Ⅱ』，ミネルヴァ書房（2009）

・小川雄二編著：『子どもの食と栄養演習 第6版』，建帛社（2022）

・中村丁次監修：『栄養の基本がわかる図解事典』，成美堂出版（2015）

・介護福祉士養成講座編集委員会編：『新・介護福祉士養成講座6 生活支援技術Ⅰ 第4版』，中央法規出版（2016）

・池本真二・稲山貴代編著『食事と健康の科学 第3版―食べること〈食育〉を考える―』，建帛社（2010）

・日本成人病予防協会編『健康管理士一般指導員テキスト4 生活を守る栄養学』，日本医協学院（2014）

・国立がん研究センターがん対策情報センター「がん情報サービス」https://ganjoho.jp/

・日本痛風・核酸代謝学会 ガイドライン改訂委員会：『高尿酸血症・痛風の治療ガイドライン 第3版』，診断と治療社（2018）

・日本高血圧学会高血圧診療ガイド2020作成委員会：『高血圧診療ガイド2020』，文光堂（2020）

・厚生労働省：『日本人の食事摂取基準（2020年版）』，第一出版（2020）

Ⅲ．被服生活

1．被服の役割と機能
2．被服の素材
3．被服の選択
4．下着・寝具・靴
5．被服の管理① ［品質表示・洗濯］
6．被服の管理② ［シミ抜き・漂白・収納・保管］
7．縫製の基礎と被服の修繕

1. 被服の役割と機能

(1)「被服」「衣服」「服飾」「服装」とは

「被服」は，人体の体幹部はもとより，頭部・手足を被覆する帽子，履き物から，その着装に用いる付属品，それを構成する装飾物に至るまでのすべてを含む語である。JIS（日本産業規格）では，「人体を覆う目的で着用するもののすべての総称」とし，「衣料」は被服の同義語としている。「衣服」は，人体体幹部の被服物を指す言葉として取り扱われる。「服飾」は，被服（衣服，帽子，履き物）を含め，鞄や装身具など身を装うためのものである。被服や服飾品は，生活するための「もの」ということができる。「服装」は，被服が人間に着装された状態をいい，被服とその着装法も含まれる。生活用品の一種である被服が，意識されて人間に着られ，着装者の人格を表示し，これを他人が認めるとき，初めて服装として取り扱われることになる。

被服生活は，日常身につけるものだけでなく，繊維，布で作られる寝具やインテリア用品なども対象に含まれる。豊かな被服生活を営むためには，着用する衣服や服飾品だけではなく，寝具類の選択や維持・管理などの知識や技術が必要になる。

(2) 被服着用の目的

私たちは，普段何気なく被服を着用しているが，被服には役割があり，その機能を果たしている。表3－1に，被服の役割と機能を示す。機能は，生理的機能と心理的・社会的機能に大別される。生理的機能では，衣服を「第二の皮膚」と考え，主に人体の健康面に主眼を置いた実用的な役割があり，人体の一部ともいえる。人間の生理機能は，年齢，性

表3-1 被服着用の役割と機能

分類	種類	内容	例	
生理的機能	①身体保護機能	外界の寒暑風雨や紫外線，汚物，昆虫や微生物，事故などによる外傷から身体を守る	被服全般 紫外線防止用服	人体の一部
	②体温調節機能	衣服内気候を快適な状態に保つ	衣服全般，防寒具など	
	③衛生保持機能	身体からの汚れを付着・吸収する 外界からの汚れが身体に付着するのを防ぐ	下着類	
	④活動性向上機能	作業やスポーツ時の活動を促進・補助する	作業着，スポーツ・ウェアなど	
心理的・社会的機能	⑤情報伝達機能	社会的地位，品格，生活態度などの推測，冠婚葬祭などで感情を表現する	フォーマル・ウェアなど	人間性の一部
	⑥帰属表示機能	所属する教育機関や企業，職業などの表現手段となる。帰属意識を高める効果もある	制服	
	⑦自己の確認機能	自分らしさを表現する	日常着，外出着	
	⑧自己の強化・変容	自分への自信，違う自分への発見などにつながる	流行服，扮装服など	

別，活動状況，疾病などにより異なるが，被服はおのおのの条件に応じたもので，かつ，着用者の特性を踏まえたものを選択する必要がある。

一方，心理的・社会的機能における被服の役割は，服装から着用者の社会的地位，職業，性格や人柄などを推測することができる。着用者自身にとっては，自己表現のツールにもなり，人間性の一部として個性的機能ともいえる。心身ともに健康な社会生活を営むためには，被服生活は大切なものである。

(3) 環境温度と衣服内気候

衣服の快適さを左右する主な要因には，① 衣服内気候，② 肌触り，③ 衣服圧，④ 運動機能性，⑤ 清潔，⑥ 安全性，などがある。

人が裸でいて快適と感じる気温は，28〜32℃であるといわれている。衣服の着用により生じる皮膚と衣服との間のごく狭い空間に形成される温度・湿度と気流の状態を，衣服内気候という。快適であると感じる衣服内気候は，温度32±1℃，湿度50±10％，気流25±15cm/secとされている。

人は気温が高いと発汗して放熱する。また，気道や皮膚から蒸散する水分を不感蒸泄という。衣服着用時に，発汗や不感蒸泄により感じる「蒸れ感」は，熱と水分の移動条件により異なる。図3-1に，衣服内気候と熱と水分の移動モデルを示す。快適な場合は，放熱と水分の放出がスムーズに行われるが，不快と感じるモデルではうまく放熱されない。衣服素材の吸湿性，透湿性および通気性のよいものが望まれる。

気温が低いときには，熱伝導率の小さい「空気」を上手に着ることが大切である。厚さが同じ場合，厚手の服を着用するよりも，薄手の服を重ねて着用したほうが空気量が多くなり温かい。肌着は肌触りのよい柔らかいもの，中層に最も保温性の高いもの，外側に防風・防水性の高いものを着ると暖かさが保たれる。

また，被覆面積や開口部（衿ぐり，袖口，ズボン裾口など）の状態も衣服内気候に影響を与える。皮膚への圧迫（衣服圧）も動作を妨げ，血流を阻止してしまう。外気温の変化に対して，衣服の素材やデザインの選択，重ね着などの着装法を変えて，衣服内気候を快適な状態に維持することが大切である。

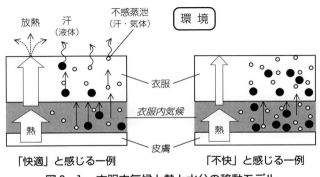

図3-1　衣服内気候と熱と水分の移動モデル

（4）服装のTPO

　人間の生活は，さまざまな社会規範のもとで営まれる。社会規範には，法律，ルール，慣習，マナーなどがある。服装における社会規範は服装規範といわれる。現代の日本は洋装が定着しているが，和装も伝統として残っている。着装法として，TPO〔Time（時），Place（場所），Occasion（場合）〕が，1964年に石津謙介氏によって提唱された。日本フォーマル協会が1976年に発足し（発足時の名称は，日本フォーマルウェア協会，2007年改称），フォーマル・ウェアの総合チャートを制定している。以後，これをもとに，冠婚葬祭を含めた場面ごとの服種と着装法が，衣料品売り場やエチケット本の中で紹介されている。表3-2に，TPOと衣服の種類を示す。「服育」として，どの年代も実践が望まれている。

表3-2　TPOと衣服の種類

フォーマル・ウェア				
場面	格式の高い結婚式，披露宴，祝賀会，式典，晩さん会，葬式など 一般的な日本の生活の中では，冠婚葬祭にあたる場面 フォーマル・ウェアには，着装法にさまざまな決まりごとがある				
服種		昼	夜	和服（昼夜共通）
	男	モーニングコート	イブニングコート，タキシード	紋服，喪服
	女	アフタヌーンドレス	イブニングドレス，ディナードレス	留袖，振袖，喪服

セミフォーマル・ウェア				
場面	結婚式，披露宴，記念式典，入学式，卒業式，七五三，成人式，入社式など フォーマルよりラフなもの。流行などを取り入れることができるが，格式が要求される				
服種		昼	夜	昼夜共通
	男	ディレクターズスーツ	タキシード	ブラックスーツ
	女	セミアフタヌーンドレス	セミイブニングドレス カクテルドレス	訪問着（和服）

	ビジネス・ウェア	ソーシャル・ウェア	プライベート・ウェア	スポーツ・ウェア
場面	通勤，事務，作業，会議，接客，出張など 業務内容に機能・安全・衛生面で適合し，職場の雰囲気に合うものを着用する	同窓会，音楽会，訪問，ホームパーティなど 出席する会の目的や出席者に合わせて選択する	通学，買い物，ドライブ，旅行，外食など 一般的な外出着を着用する	テニス，スキー，水泳，ゴルフ，登山，ダンス，サイクリングなど 各スポーツに合わせて，機能・安全面から設計される
服種	スーツ，ジャケット，シャツ，ブラウス，コート類，パンツ，スカート等の組み合わせ，業種により，ユニフォームを着用する	服種はほぼビジネス・ウェアと同じ。ややカジュアル性があっても可。流行，個性を取り入れるとよい	セーター，ブラウス，Tシャツ，スカート，パンツ，ジーンズ，ジャンパー等の組み合わせ。カジュアルなもの	各スポーツに合わせて開発されたスポーツ・ウェア

ホーム・ウェア	
場面	くつろぎ，近所への買い物，散歩，園芸，家事，睡眠など 家庭を中心に，家事を合理的に行ったり，リラックスするための衣服
服種	ホーム・ウェア，ワンマイル・ウェア，エプロン，作業着，寝間着など

1. 被服の役割と機能　　103

ワークシート ● 衣料の安全性について考えてみましょう

衣料には目的に合わせた性能が求められます。特に，子どもや障がい者，身体機能の低下した高齢者には，安全な衣料が不可欠です。子ども用衣料に付属するひもによる事故でけがや死亡者が出ていたことから，海外では，1996年のアメリカを最初として，子ども服につけられるひもに関して規定が設けられてきました。

日本でも検討が進められ，2015年12月21日に，「JIS L4129（よいふく）子ども用衣料の安全性～子ども用衣料に附属するひもの要求事項」が制定公示されました。アパレルメーカーは，この内容に基づいてひもつきの服をデザインし，製作しています。

作業 1

子ども用衣料の安全性について，次の点について調べてみましょう。
① 海外や日本で起きた子ども服に関する事故について

---

② 子ども用衣料の安全性（JIS L4129）に関する公開資料が配信されていますが，その具体的な内容について

作業 2

上記①，②を通して，自分自身の安全な被服生活，および福祉職として子どもや障がい者，高齢者の被服生活の自立支援をするための留意点をまとめてみましょう。

コラム　高齢者・障がい者のお化粧，ファッションショー

人間にとり，高齢となっても，障がいがあっても美しくありたいとの要望は高く，生き生きと毎日を過ごすために，お化粧やファッションに心理的効果があることが実証され，「美容福祉学」が注目されています。一般市民によるシニアのファッションショーは，1995年に起きた阪神・淡路大震災により閉じこもりがちな高齢者の外出機会を増やそうと，2005年，神戸で始められました。現在では，モデルとして参加する高齢者と見学者の両者が元気になるとのことで，各地で開催されました。

福祉施設でも入所者のお化粧やファッションショーを実施する施設が増えています。モデルとして参加された方からは，「楽しかった」，職員や家族の方からは，「生活にハリが出てきたように見える」との声が聞かれています。また，ボランティアとして参加した学生からは，福祉専門職として，美容福祉に関する知識が利用者のQOLを高めることに役立つことを実感しました，と感想が寄せられていました。

福祉施設におけるファッションショー

(宇都宮短期大学地域福祉開発センター，2014)

2. 被服の素材

(1) 被服素材の種類

1) 繊維の種類

衣料用として最も多用されるのは，繊維を原料として作られた素材であるといわれている。繊維とは「細くて長い」という定義があるが，衣料用繊維は太さが15～30nm，長さは2cm程度以上あるものをいう。多くは天然繊維（自然界から得られる）と化学繊維（人工的に繊維の形態に作られる）に大別される。表3-3に代表的な繊維の種類と特徴を示す。

表3-3 繊維の種類と特徴

区分		繊維名と形態		耐熱性	燃焼性	吸水性	利点○ 欠点×		用途
天然繊維	植物繊維（セルロース系）	綿	よじれが独特の風合いを生み出す	◎	縮れながら燃える（セルロース系は紙，たんぱく質系は肉の燃える臭い）	◎	○	通気性，耐久性がある。洗濯が容易である	下着，タオル，一般衣料，ハンカチ，浴衣
							×	しわになりやすく，縮みやすい	
		麻	竹の様な形状が清涼感を生み出す	◎		◎	○	水分の発散性に優れる，シャリ感，通気性がある	夏物衣類，ハンカチ
							×	しわになりやすい。摩擦でけば立つ	
	動物繊維（たんぱく質系）	絹	この平らな面が美しい光沢のもとになる	△		○	○	保温性に優れ，肌触りがよい	和服，ネクタイ，ブラウス，スカーフ，パジャマ
							×	シミになりやすい。薬品などに弱く，日光で黄変する。虫害にあいやすい	
		毛	スケールが縮みの原因	△		◎	○	保温性に優れ，しわになりにくい	セーターなどの冬物衣類，毛布，ラグ
							×	熱に弱く，縮みやすい。白物は日光で黄変することもある。虫害にあいやすい	
化学繊維	再生繊維	レーヨン		△		◎	○	肌触りがよい。発色性，吸湿性がよい	下着，寝具，裏地，カーテン
							×	しわができやすく，湿潤強度が低い	
		キュプラ	断面が円形だと光沢のある布になる	△		◎	○	染色性がよい。静電気が起きにくい	和装用下着，スカーフ，裏地
							×	摩擦で毛羽立つ	
		テンセル		△		◎	○	レーヨンより水に強い。染色加工しやすい	ブラウス，パンツ等の一般衣料
							×	ぬれると摩擦に弱く，白けやすい	
	半合成繊維	アセテート		×		△	○	絹のような光沢と肌触りをもち，軽い。縮みにくい	裏地，カーテン，婦人用フォーマルウェア
							×	摩擦で傷みやすい。除光液に溶解する	
	合成繊維	ナイロン*	光沢が出すぎるため，つや消し薬剤を入れることがある	×	溶けながら燃える	△	○	弾力性があり，しわになりにくい，カビ，虫害に強い	ストッキング，水着，スポーツウェア
							×	吸湿性が低く，静電気が生じやすい。日光で黄変する	
		ポリエステル*		△		×	○	しわにならず，型崩れしにくい。丈夫で乾きやすい	一般衣料，フリース，学生服
							×	静電気が生じやすく，汚れやすい	
		アクリル*		×		×	○	かさ高，弾力性があり，しわになりにくい。カビ・虫害に強い	セーター，冬物衣類，毛布
							×	吸湿性が低く，静電気が起きやすいため汚れやすい。毛玉ができやすい	
		ポリウレタン		×		×	○	伸縮性がある。軽量で，耐水性に優れている	水着，ストレッチ素材，合成皮革
							×	摩擦に弱い。塩素に弱い。紫外線で黄変することがある	

注）合成繊維の繊維態状について：合成繊維はノズルの形によりさまざまな形態の繊維ができるため，表には基本的なタイプを載せた。＊印は三大合成繊維とされている。

2）糸・織物・編物

糸は繊維を撚り合わせて作られる。糸には紡績糸（短い繊維を撚り合わせたもの，ミシン糸，毛糸），フィラメント糸，飾り糸のほか，特殊な糸（ラメ糸，金銀糸など）がある。さまざまな種類があることを念頭に置き，用途によって使い分けるとよい。

織物は，たて糸とよこ糸が一定の方式により直角に上下に交錯して作られ，その方式を織物組織という。最も基本となる織物の３原組織として，「平織」「斜文織」「朱子織」がある。これを基本にさまざまな変化組織が作られ，添毛組織（タオル，ビロードなど），からみ組織（紗，絽など），紋組織（蜂巣織ほか，模様を織り出す）などが作られている。織物組織の違いは引張強度や柔軟さに影響を与える。強度が求められる製品には平織，審美性を要求したい場合は朱子織を選ぶなど，使い分けるとよい（表3-4）。

編物は一本の糸のループを互いにからませて作る。編み目の方向により，よこメリヤスとたてメリヤスに分類される。編物は織物よりも伸縮性に富み，かさ高く保温性に優れる。通気性もよく，しわになりにくいという利点をもつ。しかし，寸法安定性が劣り，特に洗濯により型くずれを生じやすい（表3-4）。

表3-4　織物と編物

		平　織	斜文織	朱子織
織物	組織図			
	特徴	たて・よこ糸が１本ずつ交錯。３種の中で最も丈夫で引張に強い。伸縮性に欠ける。柔軟さは最も劣り，光沢も少ない。強度の必要なものに向く	平織よりも交錯点が少なく，強度には欠けるが伸縮性がある。糸密度を高くできるので，厚手の生地も作りやすい。斜めの畝（うね）ができるのが特徴である	織糸の交差点が少なく，３種の中で最も強度は落ちるが，伸縮性はある。糸が浮く部分が多いため光沢がある。柔らかい手触りとなる。インテリアやおしゃれ着などに向く
		平編（メリヤス編）	ゴム編（リブ編）	パール編（ガーター編）
編物（よこメリヤス）	組織図			
	特徴	よこメリヤスの基本。表は滑らかで光沢に富むが裏はあらい感じになる。よこ方向に伸縮性がある	編地は表裏の区別がない。よこ方向の伸縮性が大きい。靴下，シャツ，袖口のしまりに使われる	編地は表裏の区別がない。よこ筋がついて見える。弾力性に富み，たて方向の伸縮性が大きい

3）混　　紡

　2種類以上の繊維を混ぜて使うことを混紡という。混紡の目的は，各繊維の欠点を補い，製品の性能を高めることにある。例えば，ポリエステルと綿を混紡すると，ポリエステルの防しわ性と綿の吸水性という両者の利点をもつ製品を得ることができる。

　現在はカーボンニュートラルを考慮し，繊維もリサイクルする動きがある。混紡をせずに単一素材化したり，付属物を分離しやすくして再利用が簡単に行える取り組みがなされている。

4）その他の素材

　織物や編物以外で，被服を構成するその他の素材には，不織布，フェルト，レース，皮革・毛皮，人造・合成皮革などがある。また副資材として，ボタン，ファスナー，マジックテープ，ゴムひもなどがある。被服はこれらの素材を組み合わせて作られているが，金属や合成樹脂等，布地とは異なる原料で作られている場合もあるので，洗濯時の取り扱いに配慮が必要である。

（2）被服素材の性能と加工

1）被服素材の性能

　被服はさまざまな環境で着用されるため，その主原料である布には多くの性能が要求される。着用と洗濯を繰り返し行っても，その性能が維持されることが望ましい。布の性能は原料の特性だけでなく，繊維の形態，糸や布の構造特性により変化する。

　繊維の特性が影響する性能として，耐熱性，吸湿性などがあげられる（表3-3参照）。吸水性は，布の構造が影響する（毛管作用）。

　布の厚さは含気率（布の中に含まれる空気の割合）に影響する。空気は熱伝導率が低いことから，含気率が高いと保温性が増す。布の糸密度（織物の単位長さ当たりのよこ糸・たて糸の本数）や糸の太さなどは，通気性や透湿性に関係する。また，糸密度が高いとしわになりやすく，編物のように比較的自由に糸が移動できる状態であるほど，しわになりにくい傾向があるが，これについては，繊維の特性も起因するので一概にはいえない。

2）被服素材の加工

　被服素材は，使用目的により，さまざまな加工が施される。仕上げ加工の方法により，同じ繊維で作られた布でも異なる性質を有することもある。最も多い染色加工のほかに，素材が本来もつ外観・性能を整えるための加工（シルケット加工，プリーツ加工，防縮加工，防しわ加工など）と，特殊な性能（防水加工，撥水加工，防虫加工，UVカット加工，帯電防止加工など）を付与する加工がある。

　さらに，近年の目覚ましい加工技術の向上により，新しく便利な素材の研究が進められている。福祉の現場に関係するものとしては，抗菌・防臭素材や，難燃・防炎素材などがあげられ，その性能は年々向上している。しかし，これらの製品を使用する際には，安全性を確認し，正しい使用法で取り扱う必要がある。

2．被服の素材　107

ワークシート ● ***織物・編物を作ってみましょう***

織物・編物は手軽に作成することができます。施設などでの製作活動の教材としても利用できます。

作業

下の資料を参考に，織物・編物を作ってみましょう。

① 段ボールの両端に位置テープを貼る。等間隔に切り込みをいれる

かけたら引き締める

② 切り込みにたて糸をかける

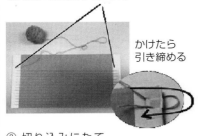

③ よこ糸を通す。奇数のたて糸をもちあげ（定規などを利用），その下を通す。次の段は偶数のたて糸を持ち上げてよこ糸を通す

④ 最後はたて糸を2本まとめて結ぶ

織物：「段ボール織機で織る」

① 空き箱やPETボトルなどに，棒（奇数本）を固定する

② 1周目は奇数の棒に，2周目は偶数の棒に糸をかける。最初の糸は内側にたらす

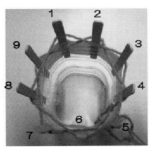

③ 3周目は奇数の棒に糸をかけ，1周目の糸をつまんで棒の向こう側にかける。この繰り返し

④ 編み進んだところ

⑤ 最後は棒の糸を外し，のこりの糸を輪に通して引きしめる

編物：「箱を使って編む」

3. 被服の選択

（1）被服の選択にあたって

現在の被服生活は，ほとんどが既製衣料を使用している。家庭用品の表示は「家庭用品品質表示法」に基づき，繊維製品については「繊維製品品質表示規程」により，革または合成皮革を使用した製品については「雑貨工業品品質表示規程」により，① 繊維（表布・裏布・充填物）の組成，② 家庭洗濯などの取り扱い方法，③ 撥水性（必要な服種のみ），④ 表示者名，および⑤ 表示者の住所または電話番号，取り扱い上の注意などの表示がされている（p.116参照）。また，JIS を基にして，⑥ サイズ表示がされ，不当景品類及び不当表示防止法により，⑦ 商品の原産国などの表示がある。消費者は，表示内容を確認し，選択・管理をしていくことが大切である。

1）既製衣料の JIS サイズ表示

既製衣料は，一般社団法人人間生活工学研究センターで計測された日本人の身体計測値をもとにサイズ設定されている。

既製衣料のサイズ表示は JIS で規定され，着用者区分として乳幼児用（JIS L4001），少年用（JIS L4002），少女用（JIS L4003），成人男子用（JIS L4004），および，成人女子用（JIS L4005）があり，それぞれ，全身用，上半身用，下半身用に分けられている。ファンデーション（JIS L4006），靴下（JIS L4007），ワイシャツ（JIS L4107附属書1），成人用手袋（JIS S4051）の JIS もある。サイズ表示は，基本身体寸法（ヌード寸法）で表示される。図3-2に，基本身体寸法の計測項目と計測部位を示す。服種により，長さなどのでき上がり寸法を表示したほうがわかりやすい場合は，特定衣料寸法（また下丈，スリップ丈など）として表示される。また，フィット性の有無により，表示方法が異なる。図3-3に，成人女子衣料の表示例を示す。

図3-2　基本身体寸法の計測項目と計測部位

成人男子の衣料でフィット性が求められるものは，体型区分があるので，その表示を参考にするとよい。また，男女兼用のサイズが範囲表示されているが，その基本身体寸法は衣料の製造者，販売業者の許容範囲の値を表示することになっている。現代社会は，通信販売などによる購入も多くなっている。サイズ表示をよく見ることが必要である。さらに，サイズのみで衣服を選択するのではなく，試着可能な衣服は試着して，静立時に不自然なしわや圧迫がなく，サイズ的・体型的に適合しているかを，運動機能性を求める衣服では，動作してみて運動に支障がないかどうかを確認することも大切である。

範囲表示（身長154cm〜162cm）

呼び方		SS	S	M	L	LL	3L	4L	5L	6L
基本身体寸法	バスト	65〜73	72〜80	79〜87	86〜94	93〜101	100〜108	107〜115	114〜122	121〜129
	ヒップ	77〜85	82〜90	87〜95	92〜100	97〜105	102〜110	107〜115	112〜120	117〜125
	身長	154〜162									
	ウエスト	52〜58	58〜64	64〜70	70〜77	77〜85	85〜93	93〜101	101〜109	109〜117

成人女子の身長区分

記号	中心値	範囲と意味
PP	142	138〜146cmの範囲を示し，Petite, Petite（極小）の略
P	150	146〜154cmの範囲を示し，Petite（小さい）の略
R	158	154〜162cmの範囲を示し，Regular（普通）の略
T	166	162〜170cmの範囲を示し，Tall（高い）の略

図3-3　成人女子衣料サイズの表示例（フィット性を必要とするもの）

2）被服のユニバーサルファッション，グリーンファッション

　ユニバーサルデザインは，1990年代にアメリカのロナルド・メイス（Ronald Mace）博士が提唱したもので，年齢，性別，身体的状況，国籍，言語，知識，経験などの違いに関係なく，すべての人が使いこなすことができる製品や環境などのデザインを目指す概念である。ファッションにおいても，誰もが豊かなファッションを楽しめる社会を創ろうと，「ユニバーサルファッション」として使用されている。

　2000年以降，限られた資源を有効に使い，環境にやさしいものづくりと生活を推進しようと，我が国においてもさまざまな法律が施行されている。2000年に公布された「国等による環境物品等の調達の推進等に関する法律（グリーン購入法）」では，被服も対象である。アパレルメーカーやNPO法人では，ペットボトルからポリエステル繊維を再生してユニフォームを作ったり，回収された被服を再利用した服づくりなど環境負荷の少ない生産をしている。ファッションは常に新しいものが求められるが，古い布を用いたおしゃれな服や小物が作られ，グリーンファッション，あるいはサスティナブル（持続可能な）ファッションといわれる。消費者には，無駄のない被服生活が勧められ，長期的利用，再利用，再活用の促進が求められている。着用しなくなった被服は焼却ごみとして廃棄するのではなく，再利用できるようなごみ出しや，スマートフォンアプリから簡単に出品できるフリーマーケットサービスなどを活用する実践が望まれている。

（2）衣料障害

　被服によって身体に何らかの障害を起こすことを衣料障害という。中でも皮膚に及ぼす影響を皮膚障害という。皮膚障害は，刺激反応による表皮の損傷とアレルギー反応による皮膚炎に大別される。刺激反応の原因は，繊維の種類，素材の物性（太さ，断面形状，撚り数など），織物・編物の表面起毛状態による摩擦，被服の圧迫，縫製不良などによる物理的刺激と，金属，加工剤，洗剤などの化学物質である。合成繊維や毛によるものが多い。

アレルギー反応は，抗原となる化学物質が体内に入り，抗体が生成されることで生じる。表3-5に，衣料障害を起こしやすい化学物質を示す。特に，ホルムアルデヒドによる皮膚障害は多く，肌着などの身体に直接触れる衣料品は，購入後に洗濯をして着用することが勧められている。また，石油系クリーニング溶剤を使用したものは，受け取り後はポリ包装カバーを外して，しばらく陰干しをしたうえで着用する。衣料障害の疑いが生じた場合は，着用を中止して専門医や都道府県の消費生活センターに相談する。

表3-5 衣料障害を起こしやすい化学物質

障　害	原　　　因		対象家庭用品
皮膚炎	樹脂加工剤（防縮・防しわなど）	ホルムアルデヒド	・おしめ，おしめカバー，よだれ掛け，下着，寝衣，手袋，靴下，中衣，外衣，帽子，寝具であって生後24か月以下の乳幼児用のもの ・下着，寝衣，手袋，靴下および足袋
	防菌・防かび剤	トリフェニルスズ化合物 トリブチルスズ化合物	・おしめ，おしめカバー，よだれ掛け，下着，衛生バンド，衛生パンツ，手袋および靴下
	防炎加工剤	ビスホスフェイト化合物 トリスホスフェイト	・寝衣・寝具，カーテンおよび床敷物
	アゾ化合物（化学的変化により容易に特定された芳香族アミンを生じるもの）を含有する染料		・おしめ，おしめカバー，下着，寝衣，手袋，靴下，中衣，外衣，帽子，寝具，他
化学やけど	石油系クリーニング溶剤		・溶剤が揮発されないで衣服に残っていたとき，その服を着用することで皮膚に接触し，発疹する。合成皮革，パンツ類に多い

出典）皮膚炎については「有害物質を含有する家庭用品の規制に関する法律施行規則」より一部抜粋
　　　化学やけどについては東京都クリーニング生活衛生同業組合HPより

コラム 「いろポチ」──視覚障がい者への色彩支援

産業技術総合研究所名誉リサーチャーである佐川賢先生が，社会福祉法人日本点字図書館と株式会社フクイの協力を得て，「Tactile Colour Tag」（触覚カラータグ，製品名称"いろポチ"）を研究開発しました。色知覚の基本構造である色相環を利用し，外側に基本色10色，その内側に薄い色を10色，円の中に白，灰，黒の3色を表した凸点を配置しています。服の色にあたる部分の凸点を大きくしたり，その部分に穴をあけたりすることで，視覚障がい者は触ることによって色を識別することができます。アパレルメーカーはもちろん，色を必要とするすべてのシーンでの活用を目指し，現在積極的な普及活動を行っています。

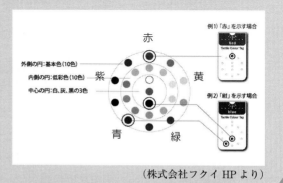

（株式会社フクイHPより）

3．被服の選択　111

ワークシート● 通信販売で衣服の購入を支援しましょう

〈事例〉
　山口しずさん（83歳・女性・要支援2）は，アルツハイマー型認知症を患っています。夫が入院し，1人での在宅生活が難しくなったため，介護付き有料老人ホームに入居しました。かなりやせています。
　施設内の活動では合唱団に入り，合唱の練習や発表会に着ていく服も新調して頑張りたいと言っています。その服をインターネットで購入することになりました。

作業

　適切な支援ができるように，次のようなインターネットやカタログの通信販売による衣服の調達方法と留意点を確認してみましょう。

① インターネットによる通信販売では，会員になり，IDとパスワードを管理することが必要です。この管理に関する注意事項について，まとめましょう。

---

② 商品の選定は，本人にしていただきますが，サイズの決定では，仕上げ寸法と身体寸法との関係の正しい把握が必要です。バスト・ウエスト・ヒップサイズ，肩幅，袖丈，裄丈，着丈，股上寸法，股下寸法などの計測部位と正しい計測方法について，調べましょう。

---

③ 商品の支払い方法について，確認しましょう。

---

④ 返品や交換が生じた場合の，返品期日や返品・交換方法について，確認しましょう。

---

4. 下着・寝具・靴

(1) 下着（肌着）の役割

下着（インナーウェア）は，肌着，ファンデーション，ランジェリーに分類される。肌着は，汗や不感蒸泄，皮脂，皮膚剥離，排泄・分泌物などの汚染物質を付着・吸収し，皮膚を清潔に保つと同時に，体温調節を行う保健衛生上の大切な機能をもっている。図3-4にたんぱく質の汚れ状態を示す[1]。特に，日本は高温多湿の気候であるため，季節や年齢，活動状態により，汚れの状態は異なる。素材は，吸水・吸湿性，透湿性，耐洗濯性があり，皮膚への刺激が少ない綿が好ましい。季節に合わせて，メリヤス（通年），クレープ，ガーゼ（夏用），ネル（冬用）などを選びたい。肌着は，四肢の可動域によってデザインが異なる。一般的なかぶり型に対して，前開きのものや前面と後面が分かれて肩部，袖下，脇および股下にマジックテープを取り付けた全開型のものがある。

※20歳代男性が起床直後から入浴前まで1日着用したときのたんぱく質汚れをニンヒドリンで抽出した例。濃い部分はたんぱく質汚れが大きいことを示す。

図3-4　肌着のたんぱく質汚れ

(2) 寝具・寝装具

1) 眠ることの意義

睡眠の役割として，身体・脳・神経の疲労回復，ストレスの緩和，免疫力の増強，ホルモンの分泌，細胞の新陳代謝などがあげられ，健康な身体を維持する三大条件「栄養」「運動」「休養（睡眠）」の一つにもなっている。人は一日の約1/3を布団の中で過ごすが，近年，日本ではどの年代も不眠を訴え，不健康状態の人々が多くなっている。厚生労働省では，健康日本21（第三次）の開始に伴い，最新の科学的知見に基づき「健康づくりのための睡眠ガイド2023」を策定している（表3-6）。本ガイドでは，適正な睡眠時間と睡眠休養感の確保に向けて年代別に取りまとめている。

2) 寝具に求められる機能

快眠な睡眠を得るためには，人側の睡眠生理，寝室環境，そして寝具（敷き布団，掛け布団，マット，毛布，枕類等）・寝装具（シーツ，カバー類，寝衣等）を睡眠に適した状態に整えることが必要である。図3-5に寝具に求められる機能を示す。保温性，吸湿性，透湿性，掛け布団では軽さやフィット性，敷き布団では快適支持性などが求められる。枕は頸椎を自然な形で支えて寝返りが打ちやすいものがよい。さらに，防ダニ，抗菌，消臭などの付加機能や，生活の利便性の面から手入れがしやすく，洗濯・収納性のよいものが望ましい。

表3-7に，布団と毛布，枕に用いられる素材とその特徴および管理方法を示す。

表3-6　睡眠の推奨事項一覧

対象者*	推奨事項
高齢者	・長い床上時間が健康リスクとなるため，床上時間が8時間以上にならないことを目安に，必要な睡眠時間を確保する ・食生活や運動などの生活習慣や寝室の睡眠環境などを見直して，睡眠休養感を高める ・長い昼寝は夜間の良眠を妨げるため，日中は長時間の昼寝は避け，活動的に過ごす
成人	・適正な睡眠時間には個人差があるが，6時間以上を目安として必要な睡眠時間を確保する ・食生活や運動などの生活習慣，寝室の睡眠環境などを見直して，睡眠休養感を高める ・睡眠の不調・睡眠休養感の低下がある場合は，生活習慣などの改善を図ることが重要であるが，病気が潜んでいる可能性にも留意する
こども	・小学生は9～12時間，中学・高校生は8～10時間を参考に睡眠時間を確保する ・朝は太陽の光を浴びて，朝食をしっかり摂り，日中は運動をして，夜更かしの習慣化を避ける

＊　生活習慣や環境要因等の影響により，身体の状況等の個人差が大きいことから，「高齢者」「成人」「こども」について特定の年齢に区切ることは適当ではなく，個人の状況に応じて取組を行うことが重要であると考えられる

出典）厚生労働省：「健康づくりのための睡眠ガイド2023」，p.7（2024）

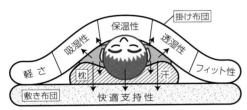

図3-5　寝具に求められる機能

3）寝室環境と寝床気候

寝室環境として，光，騒音，温度・湿度，香り，気流などを適切に保つことが必要である。睡眠に適した明るさは10ルクス（lx）程度，音は30デシベル（dB）程度，そして室温は夏季で24～28℃，冬季で17～21℃が目安とされている。睡眠時の寝具と身体との間の温度・湿度を寝床気候という。温度31～34℃，湿度35～50％に保つと快適に眠ることができるといわれている。

　季節に合わせて寝室環境を整え，使用する寝具の素材や重ね方，寝装具を工夫すること，日頃から寝具や寝装具の手入れをして衛生的で快適な睡眠をとることが大切である。また，昼間の活動や就寝2時間前までの夕食の摂取に加えて，高齢者や障がい者では足部

表3-7　布団と毛布，枕に用いられる素材とその特徴および管理方法

素材	適用	保温性	吸湿性	透湿性	軽さ	フィット性	圧縮回復性	管理方法
木綿	掛け布団，敷き布団（敷きパッド），綿毛布	○	◎	×	×	○	×	弾力性・保温性・吸湿性がある。透湿性に欠け，湿ると保温力が低下し，カビやダニが増殖しやすい。こまめに天日干しし，乾燥・紫外線殺菌をする。打ち直しが可能である
羊毛	掛け布団，敷き布団（敷きパッド），毛布	◎	○	○	○	◎	○	保温性がよく，吸透湿性も優れている。肌触りがよい。風通しのよい日陰に干すと除湿でき，嵩高が増す。保温力・弾力性が回復し，殺菌効果もある。防虫剤を入れて保管する
羽毛	掛け布団	◎	○	○	◎	◎	○	吸湿性にやや秀いで，軽くて嵩高性があり，保温性に優れている。からだにフィットしやすい。日常の管理をきちんとすると長持ちする。干し方，収納方法は羊毛の布団と同様である
合繊（ポリエステル）	掛け布団	◎	×	×	◎	○	◎	安価である。軽くて扱いやすく，埃も出ずに衛生的である。化学繊維のため，虫害を受けにくい。吸湿力がなく，天然素材に比べて肌触りも劣る
	敷き布団（敷きパッド）						×	

◎：優れている　○：やや優れている　×：やや欠ける

の冷えが入眠時間を遅らせていることから，寒い時期では就寝前の入浴，足浴，または湯たんぽなどの使用により足部を温めるなど，人側の対応が快眠につながる。

（3）靴

1）足部の成長・発達と加齢変化

人は基本的には二足歩行で移動できることで，その人らしい生活を維持することができる。歩行は，血流を促進し，足は第二の心臓ともいわれている。生まれたときの足部の骨の構造は完全ではなく，足幅が広く，土踏まずも未完成である。7歳以降で骨格が完成に近づき，3つのアーチ（横アーチ：母趾球〜小趾球，内側縦アーチ：踵骨〜母趾球，外側縦アーチ：踵骨〜小趾球）をもつことで複雑な運動ができるようになる。足型には，3つの種類がある（図3-6）。

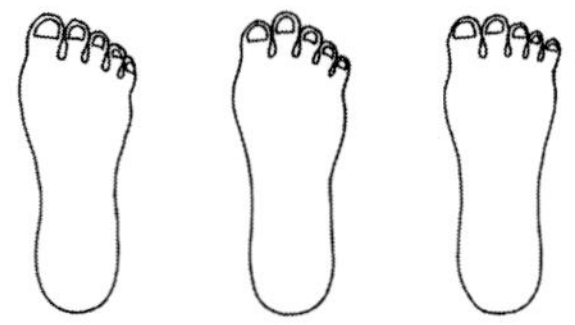

高齢になると骨格・関節の変化や筋力の低下により歩行が困難になる。特に，膝関節の変形によりO脚がひどくなったり，偏平足，開張足（横アーチが崩れる）に加え，適合しない靴を履いてきたことによる外反母趾，トゥハンマーなどの足部の変形はますます進み，歩行を妨げる要因になっている。また，足長や足囲も変化し，足のサイズも大きくなる。

図3-6　足型の種類

2）快適な靴の選び方

足部に負担が少なく，快適な靴の条件は，靴の形が足型に適合していること，トップライン，ヒールライン，アーチラインが合っていること，トゥスプリングが大きいこと，捨て寸が0.5〜1cmほどあること，そして甲の部分までしっかりと覆うこと，などがあげられる（図3-7）。近年日本においても，歩行と靴との関係が重要視され始め，靴のオーダーもしやすくなった。また，足と靴に関する基礎知識と靴合わせの技能を習得し，足の疾病予防や安全管理の観点から適合した靴の選定をアドバイスするシューフィッターも活躍している。介護用靴，高齢者・障がい者用の靴は，軽くて履き心地がよく，脱ぎ履きがしやすい，つまずきにくい，かつ，滑りにくいなどの配慮がなされている。

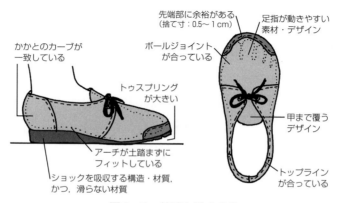

図3-7　快適な靴の条件

4．下着・寝具・靴　　*115*

ワークシート ● 健康的な足への配慮，正しい靴の選び方を知りましょう

靴は，足部を優しく被覆し，歩行運動を助長することが本来の目的です。近年，どの年代においても，足趾（指）が地面に着かない「浮き指」が問題になっています。また，外反母趾，トゥハンマーに加えて，胼胝(たこ)や鶏眼(うおのめ)などの問題が多く，歩行困難も招いています。

作業 1
自分自身の足部の健康と正しい靴選びのために，次の点について調べてみましょう。

① 自分の足型について
　　　
　　　

② 「浮き指」「外反母趾」「胼胝（たこ）」「鶏眼（うおのめ）」の症状と原因について
　　　
　　　

③ 靴を購入するときの留意点について
　　　
　　　

④ フットケア商品について
　　　
　　　

⑤ TPO に合った靴の種類について
　　　
　　　

作業 2
近年では，糖尿病罹患者が増加し，足部にさまざまなトラブル（糖尿病足病変(あしびょうへん)）が多くみられます。以下について，調べてみましょう。

① 糖尿病足病変について
　　　
　　　

② 糖尿病足病変がある人の靴下の選び方について
　　　
　　　

③ 糖尿病足病変がある人の靴の選び方について

5. 被服の管理 ① [品質表示・洗濯]

(1) 被服の管理にあたって

1) 被服の管理の流れ

被服の管理とは，着用した衣服などの汚れを洗濯等により除去し，収納するまでの一連の作業を指す（図3-8）。最近は衣服の素材が多様化しているため，その管理も技術を要するようになった。利用者の中には，衣服に特別の思い入れをもつ場合もある。いずれにせよ，状況に応じて適切な対応ができるよう，日頃から慣れておく必要がある。

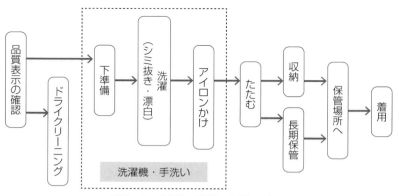

図3-8　被服の管理・収納の流れ

2) 品質表示

品質表示（図3-9）は，家庭用品品質表示法により消費者に適切な情報提供をするためにつけられるもので，繊維製品の場合は，消費者に見やすい位置に直接縫いつけられている。

被服の管理は，最初にこの表示の意味を理解し，製品の情報を把握してから行うようにする。

(2) 洗　　　濯

1) 洗　　　剤

表3-8は洗濯で用いる洗剤の種類である。洗剤は用途に合わせて選択することが大切である。また，洗剤の使用量はその商品の容器に記載されている使用量を守る。洗剤を余分に入れても，洗浄成分の界面活性剤がミセル化（界面活性剤の親水基または親水基同士で結

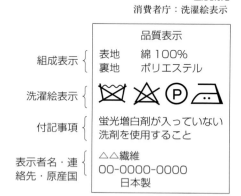

図3-9　品質表示の例と洗濯絵表示
出典）消費者庁：「家庭用品品質表示法に基づく繊維製品品質表示規程の改正について」

5. 被服の管理① [品質表示・洗濯]　*117*

表3-8　洗剤の種類

	洗濯用洗剤			柔軟剤
	石けん	弱アルカリ性洗剤	中性洗剤	
形　態	固形・粉末	粉末・液体	液体	液体
用　途特　徴	一般衣料洗濯用		毛，絹，アルカリに弱いおしゃれ着用。生成り，淡色の衣料（無蛍光）	洗濯後の衣類を柔らかく仕上げるためのもので，洗浄力はない
液　性	弱アルカリ性		中性	
洗浄効果	強　　　　　　　　➡　　　　　　弱			

合して球体を作ること）するだけで，汚れに吸着しない。つまり，汚れ落ちが促進されることはなく，余分な洗剤は衣類に付着して皮膚障害の要因にもなり得る。さらに，洗剤成分の環境への流出や，洗剤除去のためのすすぎ水が多量に必要になるなど，不経済で利点はまったくない。

　近年，新しいタイプの洗剤が販売されている。1回分の洗剤をボール型にした洗剤は，見た目が美しく，便利であるが，誤飲の可能性がある者の手の届かない場所に保管する配慮が必要である。また，洗濯時間短縮と節水を目的とした「時短・エコ洗剤」と呼ばれる強力な消臭効果がある洗剤もあり，現代の生活のニーズに合う商品開発が進んでいる。使用の際には商品に記載されている「使用方法」に基づいて用いると最大限の効果が得られる。製品のラベルをよく確認することが大切である。

2）下　準　備

　洗濯を効率よく行うために，まず，以下のように洗濯物の仕分けを行う。

① 素材で分ける（素材ごとに洗剤を使い分ける）。

② 白物と色落ちしやすい色物を分ける（白物への色移り防止のため）。

③ 生成りと淡色のものを分ける（中性洗剤を使用する）。

④ 汚れのひどいものを分ける（事前に下洗いをして汚れを落としておく）。

　次に，点検を行う（表3-9）。この際，事前に汚れのひどい場所を確認しておくとよい。

3）洗濯の方法

① 洗濯物の重さを測る

　洗剤の量を決めるために必要である。体重計等を利用する。

② 洗濯液を作る

　洗濯物の重さに応じて洗剤量を測る。量は使用洗剤容器に記載の量を参考にする。使用する洗濯機の様式に応じて洗剤をセットすると，水に溶けた洗剤が洗濯槽に流れる。洗剤を衣類に直接ふりかけることはしてはならない（粉末洗剤に入っている漂白剤で脱色などが起こる）。

③ 洗濯する

　使用する洗濯機の洗濯操作に従い，洗濯を行う。なお，洗濯機は「縦型洗濯機（ドラム式より洗浄力が高い・使用水量が多い）」「ドラム式洗濯機（洗浄力が低い・節水できる）」「二層式洗濯機（洗濯槽と脱水槽に分かれた構造・洗浄力が高い・壊れにくい）」があるが，それぞれ

表3-9　点検の方法

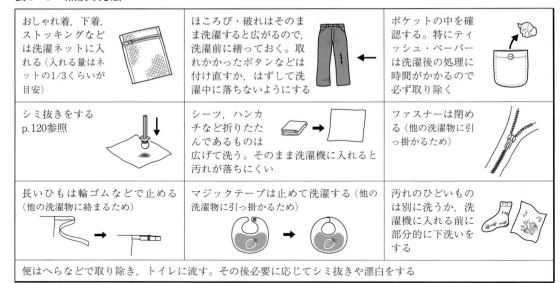

　　の特徴を把握して使用するとよい。
　洗濯を終えたら，洗濯機から洗濯物を1枚ずつ丁寧に取り出す。この際に強引に引っ張って洗濯物を取り出すと破損するので注意する。汚れが落ちているかを確認し，たたむ，たたくなどして軽くしわをとる。
　洗濯物が少量の場合や，ニット製品等を洗濯する場合には，手洗いが向いている。洗い方は，押し洗い（かさがあるものを洗う），振り洗い（ハンカチなど），つかみ洗い（部分的な汚れを洗う），もみ洗い（靴下などの汚れを強く洗う）などがあり，適宜使い分ける。基本的には洗いは1回，すすぎは2回で，各操作の間には，脱水をする。また，ニット製品を洗う場合には型くずれ防止のため，バスタオルなどにくるんで脱水する，干す際には平干しする，乾燥機には入れない，などの配慮が必要である。

4) 乾　　燥
① 乾燥機を使う
　乾燥機に入れる前には必ず洗濯機で脱水をする。製品の品質表示を見て，乾燥機が使えるかを確認する。乾燥容量を確認して衣類を入れる（つめすぎ，少なすぎは乾きにくい）。乾燥機に入れる際，ボタンやファスナーなどは閉じて衣料を裏返し，乾燥中の金属音を防ぐ。使用中は換気をし，フィルターについたほこりは定期的に除去する。

② 屋外に干す
　洗濯物は屋外で天日に干したほうがよく乾き，紫外線による殺菌効果も期待できる。しかし，紫外線による繊維の劣化，色あせ防止のため，乾いたら早めに取り込む。物干し竿や小物かけなどは常にきれいにしておく。
　屋内に洗濯物を干す際は，洗濯物の水分による結露，カビ，ダニの発生を防止するため，常に換気を心がける。また，洗濯物が乾かない日が続くと悪臭が発生する場合もある。

ワークシート ● 洗濯してみましょう

作業

実際に自分と家族の衣服を洗濯してみましょう。洗濯で難しいのは「干す」ことです。家庭や施設などで干し方の決まりがある場合もあります。まずは下の図を参考に，洗濯して干すまでを実践し，いろいろなケースに対応できるようにしておきましょう。

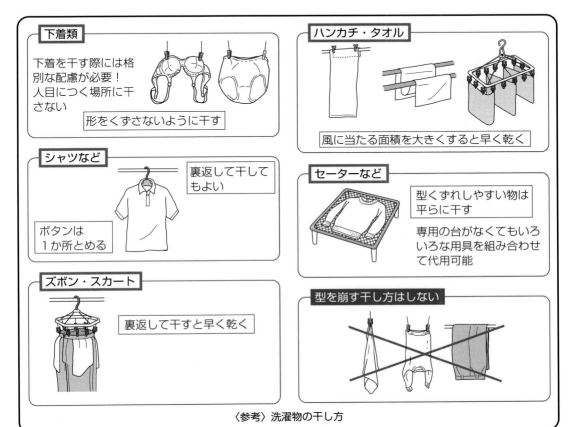

〈参考〉洗濯物の干し方

コラム　消臭スプレーをかければ，洗濯をしなくてもよい？

　消臭スプレーは，製品中の有効成分がにおいの原因に作用することで消臭効果を発揮します。しかし，においの原因を取り除く効果はなく，衣服などが清潔になるわけではありません。したがって，においの原因が「汚れ」に起因している場合には，消臭スプレーにより一時的ににおいは消えても，再びにおいが発生することがあります。
　一方，洗濯は汚れそのものを取り除きます。消臭スプレーの使いすぎにより，汚れが変質して落ちにくくなったり，布そのものを痛めることがあります。「洗濯」が最も効果的ということを踏まえて消臭スプレーを利用するとよいです。

6. 被服の管理 ②[シミ抜き・漂白・収納・保管]

(1) シミ抜きと漂白

1) シミ抜き

シミ抜きとは，部分的についた汚れを落とすことである。通常の洗濯で落ちないと思われる汚れや，全体を洗うまでもない場合に行う。シミはついたらすぐに落とすことが肝心であり，時間がたつとシミの成分が繊維の奥まで吸収されたり，空気との反応により汚れが変質し，落ちにくくなる。シミ抜きが困難である場合には，クリーニング店などに処理を依頼するのが無難である。

シミ抜きをする際には，まず，シミの種類を判別することが大切である。シミに水を1滴垂らして，その挙動によりシミが水溶性か油溶性かを判断する。においもシミの判別に役立つ。シミ抜きの原理は，ついたシミを溶かして別の布に吸着することである（図3-10）。したがって，表面についている固形物がある場合はそれをつみとり，水溶性のシミの場合には，まず，水か湯を染み込ませた綿棒などでたたいたあとに，洗剤液を使用する。油溶性のシミの場合には，ベンジンなどを使用したあとに，洗剤液を使用するのが一般的である。最近は市販のシミ抜き剤が豊富にあるので，これを利用するとよい。その際には使用方法をよく読んでから処理をする。

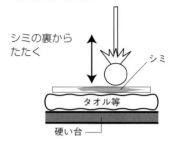

図3-10 シミ抜きの方法

2) 漂白

漂白とは，色素を化学的に分解し除去することをいう。洗濯においては，通常の洗濯で落ちない汚れに対して行う。種類によっては使用できない素材もあり，使い方を誤ると脱色や黄変等の事故を引き起こすことがある。また，塩素系漂白剤には「まぜるな危険」の表示がある。これは他の酸性洗剤などと併用すると塩素ガスが生じ，中毒になる可能性があるというものである。必ず商品の容器に記載されている使用上の注意を確認してから用いる。

(2) アイロンかけとたたみ方

1) アイロンかけ

アイロンは，被服のしわを伸ばして形を整えること，高温を与えるために殺菌効果が得られるという利点がある。品質表示を確認し，適する温度で行わないと焦げや溶解という

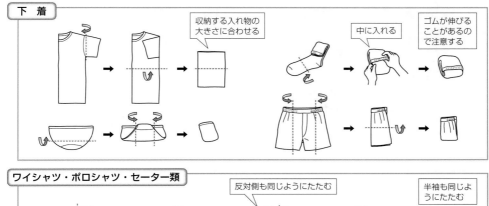

図 3-11 たたみ方

事故につながる。アイロンかけの手順を以下に示す。
① アイロンをかけるものの取扱い絵表示を確認し，繊維の組成別，温度別に分ける。
② 温度の低いものからかけ始めると効率よくできる。
③ アイロンは余分な力は入れずにかける。面積の小さい部分からかけ始めるとしわになりにくい。身頃（胴の部分）などの広い面はすべらせるようにかけ，折り目をつけたい場合には押さえるようにかける。また，毛など起毛しているものはアイロンを数cm浮かして蒸気を当てるとふっくら仕上がる。
④ スチームアイロンと霧吹きは目的によって使い分けると効果的であるが，最終的には水分は飛ばす必要がある。
⑤ かけ終わったら，熱があるうちは型崩れを起こすことがあるため，熱がとれてからたたむ。

2）たたみ方
図3-11に基本的なたたみ方を示す。

（3）収納と保管
1）収納・保管の方法
保管には，すぐに着用するために一時的に収納する場合と，来期まで収納する場合（長期保管）の2種がある。

収納場所の下部には湿気に強いもの，上部は毛・絹製品や普段は使わないものを収納する。一時的に収納する場合には，ハンガーにつるすだけでもよい。たたむ場合には次に着用する際，選びやすいように服の柄やデザインがわかるように工夫する。タンスなどに収納する場合には，衿の形がわかるようにたたんだり，丸めたりすることもある（図3-12）。

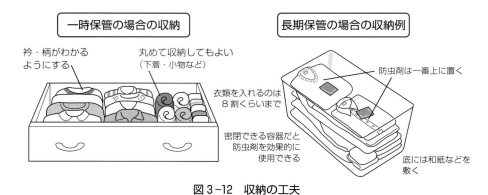

図3-12 収納の工夫

限られた収納場所を有効に使えるように工夫する。

長期保管の際には，特にカビや虫害を受けやすくなるため，必ず洗濯の済んだ衣類を収納する。その際に防虫剤や乾燥剤を併用すると効果的である（図3-12）。

2）衣類防虫剤

衣類を食べる害虫は，主にヒメカツオブシムシ，ヒメマルカツオブシムシ，イガ，コイガなどの幼虫である。衣類を保管するときは，汚れを落としてから必要に応じた防虫剤を選択し，使用上の注意を読んで使用する（図13-12，表3-10）。ピレスロイド系は他の防虫剤と併用可であるが，その他の3種類は併用すると薬剤が溶けてシミや変色につながる可能性があるので注意する。最近では，防虫効果があるとされているポプリや植物の精油なども使用されている。防虫効果は弱いが，無害であることから一部の人々に好まれている。

表3-10 衣類防虫剤の種類

種類	におい	特徴
ピレスロイド系	無	においがないため，好まれるが，大量使用は避ける。
しょうのう（樟脳）	有	楠の成分。自然の香気を有する。着物などの保管に適する。
パラジクロロベンゼン系	有	安価で即効性がある。すべての繊維製品に使用できる。衣服についたにおいも飛びやすい。
ナフタリン	有	においがきつい。人形・鎧兜などの長期間保存に向く。

6．被服の管理② ［シミ抜き・漂白・収納・保管］　*123*

ワークシート ● ウイルスに汚染された衣服の洗濯方法を考えてみましょう

作業

　実習生の秋山仁美さんが，実習先で，自分の服（エプロン：綿，色はピンクと白，シャツ：ポリエステルと綿の混紡，色は白）が患者の吐瀉物に汚染されてしまいました。この後，この服はどのように洗えばよいでしょうか。

① 　アルコール消毒と次亜塩素酸ナトリウムによる消毒の違い（それぞれの方法・利点・欠点など）を調べてみましょう。

----

② 　ウイルスなどに汚染された服の洗い方を調べてみましょう。

〈参考　漂白剤の種類〉

種類	酸化型			還元型
	液体塩素系	粉末酸素系	液体酸素系	粉末還元系
主成分	次亜塩素酸ナトリウム	過炭酸ナトリウム	過酸化水素	二酸化チオ尿素
液性	アルカリ性	弱アルカリ性	弱酸性	弱アルカリ性
用途	綿・麻・レーヨン・キュプラ・ポリエステル・アクリルなどの白物の繊維製品	毛・絹を除く白物・色・柄物の繊維製品	白物・色・柄物のすべての繊維製品	白物の繊維製品，毛・絹製品白物専用
使用不可のもの	毛・絹・ナイロン・ポリウレタン・アセテート・樹脂加工品	毛・絹とこれらの混紡の繊維製品		生成り・色・柄ものの繊維製品
使用法	水，30分程つけ置き	水または40℃以下のお湯30〜120分つけ置き	水または40℃以下のお湯30〜120分つけ置き	40℃のお湯30〜120分つけ置き
特徴	漂白力が強い，除菌・除臭効果が高い	色・柄物の繊維製品にも使用できる	色・柄物，水洗い可の毛・絹製品にも使用できる	鉄分や塩素系漂白による一部の樹脂加工品の黄変回復

＊有効塩素濃度について
　家庭用の塩素系漂白剤の主成分である次亜塩素酸ナトリウムの有効塩素濃度は5％程であるが，これは出荷時の濃度で開封すると徐々に分解されて低下する。長期保管した漂白剤については，期待する濃度が得られないことがあるので，注意が必要である

7. 縫製の基礎と被服の修繕

（1）縫製の基礎

　人は，外部からの危害防止や体温を維持するために，原始は身体に獣毛や樹皮などを纏（まと）っていた。石器時代に編物や織物が作られている。織物による衣服の形態は，古代は長い布を身体に巻きつけて形を作るものであったが，中世になると，布を裁断して縫い合わせ，身体にある程度密着したものになった。衣服には，日本のきものに代表される平面構成と，身体に密着した洋服の立体構成がある。いずれも，着用者のサイズに合わせて布を裁断し，縫製することで，着用可能な衣服になる。現代の衣服は，ミシンによる縫製がなされているが，それ以前は手縫いであった。手縫いのためにはさまざまな用具が開発されている。

　現代の被服生活は既製衣料品が担っているが，着用することでボタンが取れたりほつれたりする。持続可能な社会づくりのために被服を修繕・お直しなどをして長期間かつ再利用することも勧められている（p.109参照）。縫製の基礎や被服の簡単な修繕法を学び，対応できるようにしたい。また，布や毛糸などを使った手工芸はどの年代も推奨されている。

1）縫製用具

　手縫いに用いる縫製用具と使用上の注意を図3-13に示す。また，表3-11と表3-12に，主な縫い糸の素材と特徴，縫い針の種類と用途をそれぞれ示す。糸は，手縫い用のカード巻とミシン糸がある。ミシン糸は，番手が大きいほど細い。日常服では，洗濯しても縮みにくいポリエステル糸が多く用いられる。

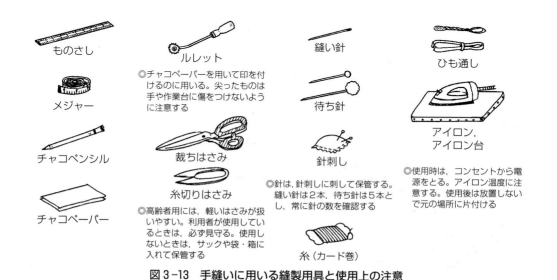

図3-13　手縫いに用いる縫製用具と使用上の注意

表3－11　主な縫い糸の素材と特徴

素材	特徴と用途
綿（カタン糸）	耐熱性があり高温でも溶融しない。耐アルカリ性に優れ，繰り返し洗濯にも耐える。綿製品に使用する
絹	長繊維，独自の優れた光沢としなやかさがあり，縫いやすく，仕上がりが綺麗。毛製品・絹製品に使用する
ポリエステル	強度が高く，適度な伸びがあり，耐熱性，耐薬品性に優れている。すべての素材に使用できる

表3－12　縫い針の種類と用途

種類	用途
木綿針	ウール地，厚地木綿地
ガス針	木綿地，麻地，ウール地
紬針	薄手木綿地，薄手ウール地
絹針	絹地，薄手木綿地
メリケン針	すべての生地
その他　ふとん針，ぬいぐるみ針，パッチワーク針，キルティング針，フランス刺繍針など	

2）手縫いの基礎

図3－14に手縫いの基礎を示す。

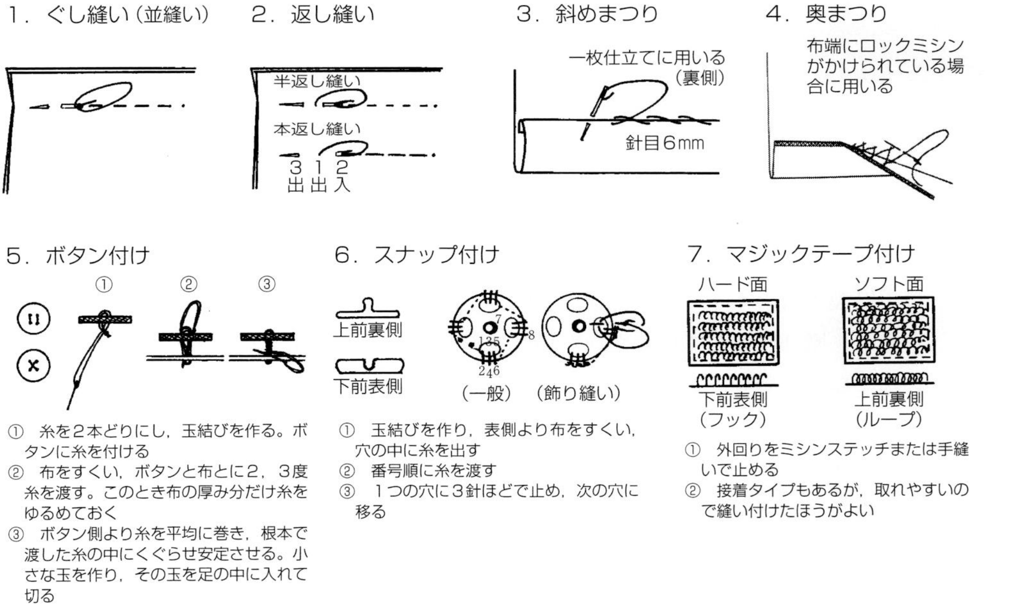
1．ぐし縫い（並縫い）
2．返し縫い
半返し縫い
本返し縫い
3 1 2
出 出 入
3．斜めまつり
一枚仕立てに用いる（裏側）
針目6mm
4．奥まつり
布端にロックミシンがかけられている場合に用いる
5．ボタン付け
① ② ③
① 糸を2本どりにし，玉結びを作る。ボタンに糸を付ける
② 布をすくい，ボタンと布とに2，3度糸を渡す。このとき布の厚み分だけ糸をゆるめておく
③ ボタン側より糸を平均に巻き，根本で渡した糸の中にくぐらせ安定させる。小さな玉を作り，その玉を足の中に入れて切る
6．スナップ付け
上前裏側
下前表側
（一般）（飾り縫い）
① 玉結びを作り，表側より布をすくい，穴の中に糸を出す
② 番号順に糸を渡す
③ 1つの穴に3針ほどで止め，次の穴に移る
7．マジックテープ付け
ハード面
ソフト面
下前表側（フック）
上前裏側（ループ）
① 外回りをミシンステッチまたは手縫いで止める
② 接着タイプもあるが，取れやすいので縫い付けたほうがよい

図3－14　手縫いの基礎

3）便利な修繕用商品

縫い針が使用できない場合は，片面または両面に接着剤がついているテープや不織布を用いてアイロンをかけるだけで修繕できるもの（図3－15）や布用ボンドが開発されている。接着面が大きくなると，風合いが変化するとともに身体の動作に対する衣服本体の織物や編み物と接着部分との追従性がそれぞれ異なり，持続性が短くなりやすい。また，洗濯などに対する耐久性も低下する。使用上の注意をよく読んで使うことが大切である。

① **裾上げテープ**（片面または両面テープがある）

② **両面接着テープ**（かぎ裂き，アップリケなどいろいろな活用ができる）

③ **静電防止テープ**　〈使用例〉　　　　　④ **ネームテープ**

図3-15　便利な修繕用商品の一例

（2）手工芸

　人は道具を使い，さまざまな手づくりの生活用品・装飾品を作り出してきた。現代では，既製のものが多くなったが，手づくり品は，作り手にとってはでき上がりが楽しみでもあり，贈り物としていただいた場合は温かさを感じたりする。手工芸の主なものに，縫い物，編物，刺繍，貼り絵，切り紙，和紙工芸，陶芸，木工，ネット手芸，ビーズ手芸などがあるが，時代とともにその内容は変化している。いずれも道具を使い，縫う，編む，巻く，切る，塗る，素手で貼る，押す，叩くなどの行為があり，脳を使い，考え，アイデアを出し，試行錯誤しながら手の巧緻性を高めていくことができる。また，集中力や作り上げることで達成感を味わうことができる。

　病院や高齢者・障害者福祉施設などでも，作業療法や楽しみの支援としてさまざまな手芸活動を実施している。その一例を図3-16に示す。手芸活動の支援を行うためにも，いくつかの手芸の具体的な方法とリスク管理のための実践方法の基礎を学んでおきたい。

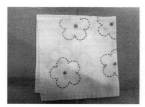

刺し子のふきん　　　　　編み付けネット刺繍の物入　　　ポンポンのついた掃除用手袋

図3-16　病院や高齢者・障害者福祉施設における作品例

ワークシート ● *利用者が積極的に楽しめる手工芸について考えてみましょう*

　デイサービスなどでは，高齢者の趣味を生かした手工芸の支援が行われています。手工芸は危険を伴う用具を使用することから敬遠されがちですが，リスク管理を適切にすることで実践できます。特に，後期高齢者の中には縫物や編み物などを学び，家族の被服（和服，洋服，寝具類など）を仕立て・修繕してきた人も多く見受けられます。手工芸をすることで昔のことを思い出し，手先も器用に動き，コミュニケーションも弾んできたりします。さまざまな用具も開発されています。施設では多職種が連携して利用者の活動量を増やすために，たくさんの情報を得て，楽しい趣味の支援ができることが望まれています。

作業

　次の用具を調べてみましょう。

① 糸通し不要針

----

② ユニバーサルデザインのはさみ

----

③ 棒針編み片手用自助具

----

④ かぎ針編み片手用自助具

調べてわかったことをまとめてみましょう。

【引用文献】

1）百田裕子・桂木奈巳：「本学介護福祉専攻学生の被服管理に関する履修前の実態と履修後の効果」，宇都宮短期大学人間福祉学科紀要　第1号，pp.79-92（2003）

【参考文献】

・田中直人・見寺貞子：『ユニバーサルファッション』，中央法規出版（2002）

・宇都宮短期大学地域福祉開発センター：「研究年報報告書」（2014）

・ユニバーサルファッション協会：『ユニバーサルファッション宣言』，中央公論新社（2002）

・山根寛・菊池恵美子・岩波君代：『着る・装うことの障害とアプローチ』，三輪書店（2006）

・百田裕子・桂木奈巳：「本学介護福祉専攻学生の被服管理に関する履修前の実態と履修後の効果」，宇都宮短期大学人間福祉学科紀要　第1号（2003）

・中村勤：「睡眠特性と寝具寝装品の開発」，繊維製品消費科学，47，343-353（1999）

・吉田令晴・藤田貢：「寝具寝装品の今とこれから」，繊維製品消費科学，56，548-554（2015）

・岡村理栄子編著：『新 体と健康シリーズ おしゃれ障害』，少年写真新聞社（2003）

・清水昌一：『歩くこと・足そして靴』，風濤社（2008）

・間壁治子：『図解 被服構成』，源流社（1984）

・田中千代：『新・田中千代服飾事典』，同文書院（1991）

・日本作業療法士協会編：『作業—その治療的応用 改訂第2版』，協同医書出版社（2003）

・山根寛：『ひとと作業・作業活動 新版』，三輪書店（2015）

・日本睡眠環境学会監修，日本睡眠環境学会睡眠教育委員会編：『睡眠環境学入門』，全日本病院出版会（2023）

Ⅳ. 住 生 活

1．住まいの役割と機能
2．住生活と生活空間
　　─生活空間と動線計画
3．住まいの室内環境
4．住まいの維持管理
5．住生活と安全
　　─安全に暮らすための生活環境
6．住まいと地域生活

1. 住まいの役割と機能

(1) 住まいの役割

　私たちの住まいは、そこに住む人が生活を展開する場であり、さまざまな役割をもっている。住まいの役割の主なものは、表4-1に示すとおりである。社会状況によって変化する住み手の要求に応じた役割を担っているといえる。

　私たちの健康と環境の関係について示しているWHO（世界保健機関）のICF（国際生活機能分類）では、環境因子や個人因子といった観点があり、物的環境、人的環境、社会的環境が環境因子に含まれ、この中に「住まい」「環境」も位置づけられて

表4-1　住まいの主な役割

①シェルター
・自然環境・外敵・社会的環境から住む人を守る
②住む人の生活拠点
・子どもを産み、育てる、高齢者や病人を介護し看取る、命の再生の場
・財産を管理し、文化や伝統を次世代に伝承する
③生活の場
・生活行為（食べる・寝るなど）を安全に快適に行う
・家族の協力や分担を通して安らぎや生活体験を共有する
④むらやまちをつくる
・住まいを中心に近隣と交流する。付き合いが広がる拠点

いる。「住まい」と生活を取り巻く「環境」は、私たちの生活機能（心身機能、身体構造、活動、参加）に大きく影響し、住まいと周辺地域の重要性が示されている。また、少子高齢社会の進行に伴い、関連するさまざまな施策において、高齢者・障がい者の在宅支援を重視し、地域に住み続けることを支援する方向性が明確になっている。こうした状況を踏まえると、「住まい」は、住む人の生活を左右する重要な基盤であり、住まいを取り巻く「地域」も含めた住環境の重要性が今後ますます高まると考えられる。

(2) ファミリーサイクル（家族周期）と生活空間

　私たちの一生には、誕生から死までの周期的な変化であるライフサイクル（生活周期）がある。多くの人は結婚を機に、その夫婦を基本とする周期的な変化であるファミリーサイクル（家族周期）に従って住まいや生活環境を検討している（図4-1）。例えば、夫婦2人きりで、天寿をまっとうする場合や、複数の子どもを産み、育て、子どもたちの独立を見守るなど、状況は家族ごとに異なる。また、子どもを育てるといっても、年齢によって住まいに対する要求は大きく異なるため、時間の経過や変化内容、重視するものも家族ごとに違いがある。住まいには、ファミリーサイクルのどの段階にあるのかを十分に考慮し、各段階での住まいへの要求を丁寧にくみ取った工夫が重要である。

　また、家族のあり方も一人ひとりの人生も多様化する中で、人の一生の軌跡や家族の形が画一的な周期ではとらえられない場合も増加している。そのため、同じ歴史を共有した同世代コーホート（同時代に生まれた人びとの集団のこと）に共通する軌跡や、結婚、出産、仕事の仕方など、さまざまなライフイベントの選択によっても、住まい方や住要求が大きく変化する。

1．住まいの役割と機能　*131*

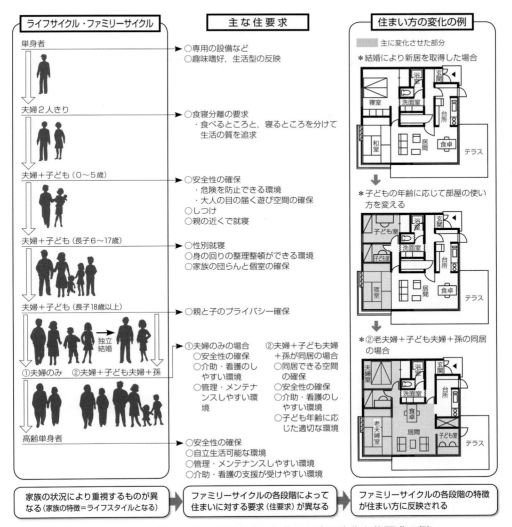

図4-1　ファミリーサイクルに応じた住まい方の変化と住要求の例
出典）住まい15章研究会編：『住まい15章』，学術図書出版社，p.17（1992）を参考に作成

（3）住まいの機能や役割の変化

　私たちが住まいで営む生活は，長い年月を経て徐々に変化している。これまでの住まいは，生活の場として，また，伝統的な生産活動の場，地域とのつながりもある冠婚葬祭の場としての機能も果たし，住まいを中心とした家族，地域とのつながりも強いものであった。しかし，少子高齢化や生涯未婚率の上昇，単身世帯の増加なども関連して家族規模が縮小し，核家族化が進行した現代では，家庭で育まれる文化や習慣，伝統などの世代間伝承が減少している。また，女性の社会進出やさまざまな機器製品の技術革新に伴って，住まいでの生活行為は効率化が重視されるようになり，多くの機能が外部化・社会化しているといえる（図4-2）。

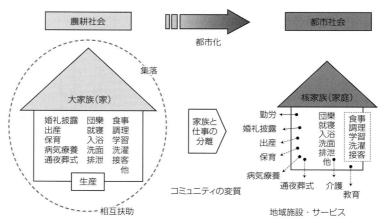

図4-2　住居機能の変化（社会化・外部化）
出典）定行まり子・薬袋奈美子編著：『生活と住居 第2版』，光生館，p.5（2023）

> **コラム**
>
> ## 住まいについて知ろう
>
> 　我が国では，若い頃は賃貸住宅に居住し，子どもの誕生や成長に合わせて持ち家を取得するといった居住のパターンが定着し，戦後の高度経済成長期から今に至るまで，庭付き一戸建て住宅に住むことが多くの人の理想とされてきました。しかし，現代では，少子高齢化や女性の社会進出，晩婚化などで，家族規模の縮小による親子の居住形態の変化などもあり，必ずしも庭付き一戸建てを目指すわけではなく，マンションへの住み替えや地方への転居，同居や別居，近居など住み方も非常に多様化してきているといえます。
>
> 　私たちは，一生涯のうちで，家族状況や仕事，経済的な影響を受けながら，その家族ごとの多様な住まいを選択して生活しているといえます。
>
> 　では，こうしたさまざまな住まいは，どのような材料で建てられ，構法や構造はどうなっているのか，考えたことがあるでしょうか。住まいの建て方，所有形態・構造や構法を知ることは，快適性や安全性のために必要なばかりでなく，後述する管理やメンテナンス，増改築などの際にも重要になります。自分がこれまで住んできた住まい，あるいはこれから選ぶ住まいについて知り，よりよい住まいを考えていきましょう。
>
> ### 住まいの分類例
>
> | 主な分類 | | 特徴 |
> |---|---|---|
> | 建て方 | 戸建て住宅 | 1つの敷地に1つの世帯が居住し独立して建てられた住宅 |
> | | 集合住宅 | 複数の住戸が集合して1棟を構成する住宅（専用部分と共有部分がある） |
> | 所有形態 | 持ち家 | 自ら所有する家。土地は借地の場合もある |
> | | 借家 | 借りて住む。公的（公営・UR都市機構など）・民間がある |
> | | 給与住宅 | 社宅や官舎。企業，団体，官公庁が従業員や職員を居住させる住宅 |
> | 構造・構法 | 木造住宅 | 木材を主要部材とした住宅。在来軸組構法や枠組壁構法などがある |
> | | 鉄筋コンクリート構造（RC造） | 鉄筋コンクリートで被覆した構造。ラーメン構造や壁式構造などがある |
> | | プレハブ工法 | 事前に工場で生産された部材やユニットを現場で組み立てるもの |

1．住まいの役割と機能　133

ワークシート ● あなたの住まいについて調べてみましょう

〈事例〉
　川本博さんは大学生になって初めて，これまで家族と暮らしていた戸建て住宅から離れて，アパート暮らしを始めました。今のアパートは，2階建てで，川本さん以外に，単身または2人で暮らしている方が，10世帯あります。ある日，川本さんのアパートの設備定期点検に関する案内が配布されました。その案内には，アパートの規模や構造，必要な点検項目が書かれていて，今まであまり建物に関心がなかった川本さんは，実家で暮らしていた住まいと現在のアパート，大学などの建物によって，いろいろな違いがあることが気になりました。

作業
　川本さんは，今後の住まい選びも視野に入れて，実家，現在のアパート，大学の3つの建物について調べてみることにしました。以下，川本さんの調べた表を自分自身に置き換えて修正し，埋めてみましょう。

住まい	①実家	②現在の住まい	③大学	④	⑤
建物の分類	一戸建て	アパート 集合住宅	学校施設		
所有状況	所有（父）	借家	学校		
構造・工法	木造	鉄筋コンクリート造	鉄筋コンクリート造		
階数	2階建て	2階建て			
部屋数	3LDK	1K			
土地面積	約108㎡				
建物面積	約93㎡	専有面積 約20㎡			
居住者（または，利用者）	家族	自分			
具体的な居住人数（利用人数）	4人	1人			
建物の特徴 ・構造上よいところ ・改善が望ましいところ					
居住性の評価					
広さの評価					
地域環境や利便性の評価					

＊②の現在の住まいが，①と同じ家族と暮らす実家の場合は，記入する必要はありません。
＊③には，学生の場合は，通っている学校について，働いている場合は，職場の建物，④⑤には，その他，規模や構造に違いがあると思う建築物について思いつくものをあげて調べてみましょう。

2. 住生活と生活空間—生活空間と動線計画

(1) 空間と人の動き

　私たちは，毎日の生活の中で，食べる，寝る，排泄するなどの生活行為を行っている。これらの行為は，いくつかの組み合わせによって行われるが，快適に効率よく動作するためには，必要な空間量やその配置を検討することが大切である。

　動作に必要な空間は人の各部位の大きさ（人体寸法）を基準に考えられている（図4-3）。人体寸法は，人によって異なるため，身長や体型，年齢や性別，障がいの状況によっても空間量が変わってくる。この人体寸法が基準となり，人の動作に伴う寸法（動作寸法）が決定される。そして，家具や道具，設備などを含む動作に必要な空間（動作空間）が形成される。私たちの生活は複数の生活行為から成り立つため，生活空間は一連の生活行為が連続したり複合したりする空間（複合動作空間）となる（図4-4）。また，共に生活する人の人数などによって空間を検討する必要があり，視覚などの感覚的な生理的寸法や，快適性を左右する心理的寸法などとの関連も考慮する必要がある（図4-5）。

　さらに，空間の快適性は，いすやテーブルなどの家具（生活財）の大きさや量によっても左右される。生活財は，住み手の好みや利便性，生活様式にも影響を受ける。生活様式は，立ったり座ったりといった起居様式や空間のつくり方，生活財の配置の仕方によって異なり，図4-6に示すように大別される。

　ユカ座は，日本独特の畳と襖，障子などの和風の生活にかかわりが深く，座卓や座布団を利用して床面に直接座ったり，あぐらをかいたりする姿勢での生活行為を中心とする。イス座は，ベッドやいす，テーブルといった洋風家具の導入によって普及したもので，床面に家具を置いて利用することを中心とした生活様式である。ユカ座，イス座のそれぞれに長所・短所があることや，住み手の趣味嗜好，空間の使用目的などによって快適な生活様式を選ぶことが重要である。体への負担軽減や快適性などからイス座とユカ座を使い分けたり，組み合わせて利用するなどの工夫が望ましい。

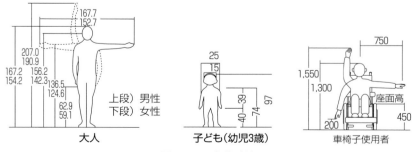

図4-3　人体寸法

出典）岩井一幸・奥田宗幸：『図解 住まいの寸法・計画事典』，彰国社，p.52, 53 (2006)，長澤 泰：『初めて学ぶ福祉住環境第三版』，市ヶ谷出版社，p.112 (2018) を参考に作成

2．住生活と生活空間―生活空間と動線計画　　*135*

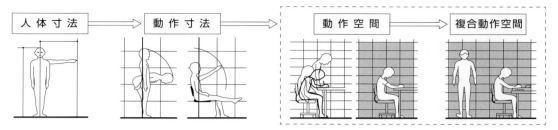

図4-4　人体寸法・動作寸法・動作空間・複合動作空間
出典）日本建築学会編『コンパクト建築設計資料集成』，丸善，p.35（1989）

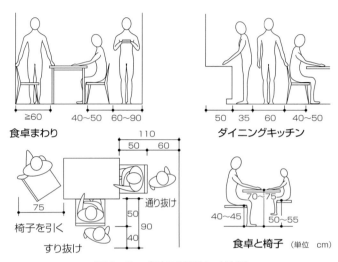

図4-5　食事の空間と寸法例
出典）佐々木誠ほか：『住むための建築計画』，彰国社，p.49（2013）

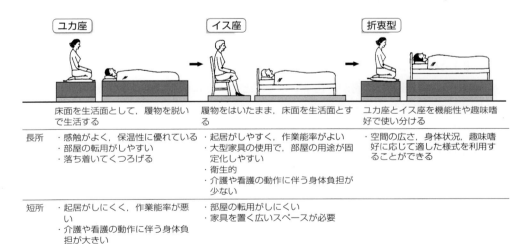

注）ユカ座と折衷型は住宅に入る時に45cm上がる

図4-6　生活様式のいろいろ
出典）川崎衿子・水沼淑子編著：『ライフスタイルで考える 和・洋の心を生かす住まい』，彰国社，p.46（1997）を参考に作成

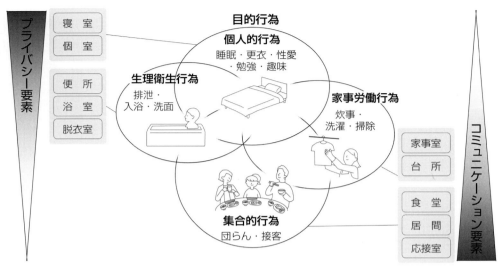

図4-7　目的行為と空間の構成

（2）生活空間の構成

1）住まいの中の空間（部屋）

　生活空間は，① コミュニケーション（集合的行為）のための空間，② プライバシー（個人的行為）の空間，③ 家事労働行為の空間，④ 生理衛生行為の空間，に大別することができる（図4-7）。これらの空間は，廊下や階段など，⑤ 移動や連結のための空間によって結びつけられている。

　集合的行為空間は，人と人がコミュニケーションをとるための要素が強くなり，反対にプライバシー要素が弱くなる。一方，個人的行為空間はプライバシー要素が強く，コミュニケーション要素が弱くなる。

2）ゾーニングと動線計画

　さまざまな目的の空間が，住まいの中でどのように配置されているかを示すものが間取りである。目的に応じた空間があっても，その配置が適切でないと無駄な動きが多くなり，安全で快適な生活を送ることができない。そのため，似たような目的を果たす空間（部屋）をまとまりにしてゾーンをつくり，配置を考えるゾーニングが重要である。また，ゾーニングと合わせて，生活する人の動きがなるべく単純でスムーズになるように，住まいの中を人やモノが動く足跡である動線を計画することも必要である。動線は，動く回数を太さで表し，移動の距離を線の長さで表現する。住む人の年齢や人数によって，空間配置や動線計画は大きく異なるため，住んでいる家族構成や年代，生活時間に応じて検討する必要がある。在宅ワークをする人が住まいで複数いる場合は，オンライン会議などで発生する「音」が影響を与えないよう，同じ目的での行為であっても別にゾーニングする配慮が必要となる。

ワークシート ● あなたの住まいの中の起居様式を分析してみましょう

作業

私たちの住宅内はユカ座、イス座を組み合わせて、生活スタイルに合わせた起居様式になっています。サザエさんの家の起居様式を参考に、自宅の起居様式を書き出し、問題点をあげてみましょう。またその改善方法について考えてみましょう。

【参考】サザエさんの家の平面図

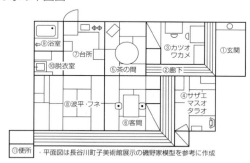

・平面図は長谷川町子美術館展示の磯野家模型を参考に作成

サザエさんの住宅の生活様式

生活行為	人	起居様式	長所	短所
食事	家族全員	ユカ座	・人数が増えても、卓袱台で食事ができる	・立ち座りが身体に負担になる ・身長によっては、食事がしにくい
就寝	波平・フネ	ユカ座	・日中は布団をしまい、別の用途に使用できる ・子どものお昼寝の場所の自由度がある	・ほこりなどで不衛生になりやすい ・看護・介護がしにくい ・布団収納が負担
就寝	サザエ・マスオ・タラオ	ユカ座		
就寝	カツオ・ワカメ	ユカ座		
勉強	カツオ・ワカメ	イス座	・いつでも勉強ができる環境になる	・勉強机と椅子でスペースが必要になる

あなたの住宅での生活様式

生活行為	人	起居様式	長所	短所
食事				

ワークシート ● 山田さん一家の生活空間と動線について考えてみましょう

〈事例〉
　山田さんは，高齢の母，夫と3人で暮らしています。ある冬の日，山田さんの夫は39℃の発熱があり，病院に行って検査したところ，感染症に罹患していることが判明しました。
　感染症の発症後は1週間程度，自宅療養をする必要があり，山田さんはこの期間，感染予防のために自分の寝室を客間に変更しました。

　家族の特に高齢の母への感染を防ぐための，生活空間と動線をどうするべきか考えてみましょう。

作業1

平面図に，山田さんの夫のみが使用する生活空間，高齢の母，山田さんと共有する生活空間を色分けしてみましょう。

作業2

次の①～⑤の行動をとる場合の家族の動線を，平面図に色分けして書き込んでみましょう。
① 山田さんの夫が，自室からトイレに行き，用を足してから自室に戻る。
② 山田さんの夫が自室から浴室に行き，入浴後，歯磨きをして自室に戻る。
③ 山田さんの母が，自室からトイレに行き，用を足してから自室に戻る。
④ 山田さんの母が自室から浴室に行き，入浴後，歯磨きをして自室に戻る。
⑤ 山田さんの母がリビングからキッチンに行き，昼食をとるために冷蔵庫とダイニングテーブルを数回往復して，食事をし，流しに食器を置いて，リビングに戻る。

作業3

これまでの作業から，感染を防ぐためにできる生活空間の構成や動線の対策について，気がついたことをあげてみましょう。

----

3. 住まいの室内環境

　高温多湿の気候に応じて夏の暑さ対策を重視してつくられた，これまでの日本の住まいでは，特に，冬場の温熱環境への配慮が必要であり，快適に過ごすための工夫が欠かせない。その点，今日の住まいは冷暖房設備や空調設備の普及により，快適な室内環境を人工的につくり出すことが容易になっている。しかしながら，機器に頼るばかりでなく，できるだけ太陽光や風などの自然環境を取り入れた室内環境の工夫も，環境問題対策として重要である。

（1）光（採光・照明）

　毎日の生活では，室内の適度な明るさが必要である。明るさは，照度（光を受ける面の単位面積当たりの光の量。単位はlx：ルクス）で表現される。主に，太陽光と人工照明とに大別される（表4-2）。照明器具は種類により照明の効果や消費電力が異なり，環境配慮の観点からLEDへの切り替えが進められている。明るさの確保だけでなく，室内の明るさ分布も重要である。全般照明と局部照明とを併用し，作業する場所に必要な明るさを確保することが望ましい。生活に必要な明るさは行為により異なり（図4-8），適切な光環境を整える必要がある。特に高齢者は加齢により視力が低下するため，細かな作業をする場

表4-2　光の分類

太陽の光（昼光）		人工的な光（照明）	
天空光	直射日光	全般照明	局部照明
空全体の明るさ	太陽からの直接の光	部屋全体を照らす光	作業面を照らす光
・北向きの窓から採光すると一定の照度で採光できる	・まぶしさ（グレア）が生じ，採光に適さない ・方向性が強く，不快に感じることがある	・人工照明の光源には白熱灯と蛍光灯，LEDがあり，電力消費量や寿命に違いがある ・照明器具の照射される部分（配光）	
・光は昼のみで天候や季節などに左右される ・採光用の窓などの大きさ，位置，メンテナンス状況，形，近隣の建物との間隔により光の量が異なる ・建築基準法では，開口部は住宅の居室の床面積の1/7以上の大きさが必要 ・照明効果を考え，すだれなどで光を遮蔽，調節する		・時間や場所に左右されず安定して使用できる ・位置や場所に配慮する（手暗がりなどに注意） ・明るい所と暗い所の差が大きいと目が疲れるため，全般照明は局部照明の1/10以上の照度とする ・照明効果を考え，カーテン等で光を遮蔽，調節する	

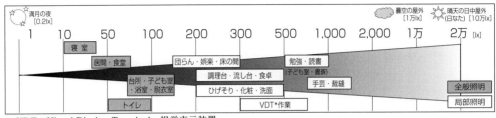

＊ VDT：Visual Display Terminal，視覚表示装置

図4-8　照度基準

出典）「照明基準総則 JISZ9110-2010」を参考に作成

合には20代の1.5〜2倍の照度が推奨されている。また明るい所から暗い所へ入った時に目が慣れていく暗順応に時間を要するため，寝室には天井に設置するメインの照明の他，足元灯の設置やベッドサイドに電気スタンドを置くなど，急激に暗くならないような安全への配慮が重要である。

（2）温度（冷房・暖房，通風・換気）

1）冷房・暖房

人は，周囲の自然状況や室内温度に対して暑い，寒いといった判断をし，体の中でエネルギー（熱）を生産し，それを放出して体温調節をしている。人の体温調節には，温度，湿度，気流，輻射熱（周囲の表面温度）の4つの要因が関連している。室内の温熱環境は，四季や時刻，建物の建て方や近隣の自然環境にも影響を受ける。そのため，冷房・暖房によって，室内温度を調節し，加湿器，除湿器を用いて乾燥防止や除湿を検討することが一般的である（図4-9）。現代では，地球環境への配慮も重視され，温暖化への対策も進んでおり，建物の断熱や気密性に応じた床・壁の材質や風の流れを考えた窓の検討などがされている。

また，在宅時間の長い子どもや同じ居室で長時間過ごす病人や高齢者などは，室内の温熱環境が健康状態や生活の快適性，安全性を大きく左右することになる。そのため，温湿度計などを利用して室内温度・湿度を調整できるようにし，冷暖房が直接，身体に当たらないような配慮も必要である。乳幼児のおむつ交換や，病人や高齢者の居室で排泄や清拭などを行う場合は，臭気に対する配慮も必要となる。特に冬場は，換気によって室内の温まった空気が外部に逃げてしまわないよう工夫することや，居室と廊下，トイレ，浴室などの急激な温度差が生じないようにすることが望ましい。冬場の住宅内の温度差のように，急激な温度変化が発生すると，血圧の急変などの身体への影響が起こり，脳卒中や心筋梗塞などを引き起こす場合がある。これをヒートショック現象と呼び，特に注意が必要である。

2）通風・換気

室内は呼吸や体臭，衣類の繊維，建物や家具から発生する物質により汚染されるため，汚染物質を屋外に排出し，屋外から新鮮な空気を取り入れる換気が重要となる（図4-10）。換気は，自然換気と機械換気に分類される（表4-3）。従来の木造の住まいは隙間風による自然換気がされていたが，今日の住まいは気密性が高く，意識的な換気が求められる。新鮮な空気を室内に取り入れることは住み手の健康はもちろん，建物部材の腐朽やアレルギーの原因となるカビや結露の発生防止に有効であり，建物の耐用年数にも関係している。また，複数人が室内に滞在する場合，ウイルスなどによる感染リスクを低減させるために，十分な換気の確保が大切である。感染症罹患者を隔離する部屋は，窓の1つを常に15 cm程度開放し，寒さなどで窓の開放が難しい場合は，空気清浄機を用いて空気中に浮遊するウイルスを回収すると効果的である。

近年の気密性の高い住宅では，住宅建材や家具製造時に使用される接着剤や塗料に含ま

3．住まいの室内環境　141

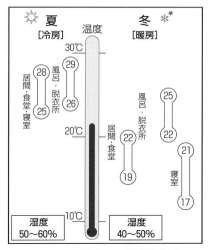

図4-9　望ましい温度と湿度

出典）後藤 久ほか：『精選 住居学』，実教出版，p.34，(2016)を参考に作成

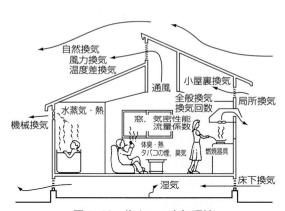

図4-10　住まいの空気環境

出典）日本建築学会編：『コンパクト建築設計資料集成〈住居〉』，丸善，p.161 (1995)

表4-3　換気の分類

換気の分類		主な特徴
自然換気	窓などを利用した風の流れ（通風）による換気	・風の流れを十分に考慮する ・建築基準法では，床面積の1/20以上の面積をもつ換気に有効な窓の設定が義務づけられている ・換気回数は，1時間当たりの換気量を室面積で除した値で，室内を清浄な空気状態に保つためには，1時間に20～30 (m^3/人) の換気量を必要とする
機械換気	人工的に風の流れをつくる換気（換気扇など）	・室内の冷暖房効果に影響する ・湿度の変化による結露やカビが発生しやすいので人体や住居への対策としても利用する ・現在の住居は気密性が高いため機械換気を有効に利用することが必要 ・換気扇などは排気口と給気口を考える ・騒音を伴うことがある ・消音の工夫や設置場所の配慮が必要

れるホルムアルデヒドなどの揮発性化学物質などによって室内空気が汚染され，これによりめまいや倦怠感，アレルギーなどが引き起こされるシックハウス症候群と呼ばれる健康被害についても，注意が必要である。換気や通風の工夫によって，新鮮な空気を室内に保つことで，健康に生活するための配慮が望まれる。

（3）音（騒音）

　毎日の生活行為では，何らかの音が伴う。音は，人が耳で感じる音の大きさ（dB：デシベル）で表現され，音源からの距離や風向き，遮蔽物の状況に影響を受ける。音の感じ方には個人差があり，快適に感じる音と不快に感じる音の種類にも違いがある。特に，集合

住宅では，不特定多数の人が集まって住んでいるため，壁を挟んで聞こえる隣家の会話や食器の音，上階の人の足音などが伝わってくることもあり，騒音を原因とした近隣トラブルは意外と多い。音に対するトラブルには，特に配慮が必要といえる（図4-11）。生活サイクルが変則的な場合は，夜間や早朝の音には特段に気をつけなければならない。

騒音に対しては，音源を減らす配慮や，音の伝わり方に対する防音対策が有効である。防音サッシや防音ガラスなどの利用で密閉性を高めることや，吸音効果のある建築材を用いるなどの工夫も重要である。また音は，その大きさ以外に，音が発生する時間や頻度，周辺環境，生活習慣などとの関連もあるため，音に対するマナーや心配り，ルールづくりやお互いを理解するコミュニケーション形成が必要である。

難聴者には，音に対する個別の配慮が必要である。補聴器は，多くの場合，必要以外の音も増幅されやすいため，床材などは吸音性のある材質にするとよい。また，音の聞こえる範囲（可聴域）が狭い高齢者の場合は，会話の際には，窓を閉めて騒音を防ぎ，聞き取りやすい環境をつくるなどの工夫が効果的である。

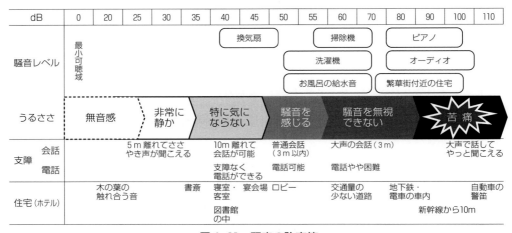

図4-11　騒音の許容値

出典）日本建築学会編：『コンパクト建築設計資料集成〈住居〉』，丸善，p.158（1995）を参考に作成

3．住まいの室内環境　143

ワークシート ● 川本さんの室内環境について考えてみましょう

〈事例〉
川本博さんは，大学生になってアパートで一人暮らしを始めました。ある日，友だち2人が泊まりにくることになり，川本さんの家で，焼き肉を楽しみました。楽しい話で盛り上がった3人は，窓を開けたまま大声でおしゃべりし，音楽を聴きながら深夜までにぎやかに過ごしました。川本さんは，翌日，大家さんより近所の住民から「深夜まで音がうるさく，食事のにおいもひどかった」とクレームがあったと知らされ，アパート内での生活のマナーについて，きちんと考えるよう注意されました。

作業1

川本さんは，今回注意されたことについて，どんな配慮が必要だったかを考えてみました。あなたが，川本さんだったら，今回の行動をどのように分析し，どのような改善や対策ができるか空欄を埋めてみましょう。

	近所にご迷惑をかけてしまった原因	注意すべきこと・改善・対策
音について	・友人と大声で話していた	
	・盛り上がって大音量で音楽を聴いていた	
	・窓を開けたままだった	
	・ご近所が就寝する時間帯まで騒いでいた	
	・狭い部屋に友人を複数よんだ	
	・ご近所が就寝している時間帯にシャワーを浴びた	
においについて	・換気扇をまわさずに調理をしていた	
	・窓を開けて長時間調理していた	

作業2

川本さんは，今回，音やにおいについて考えるよいきっかけになり，アパート自室のほかの場所について，自分が気になっていたことをリストアップし，室内環境の見直しをしてみることにしました。以下のリストをみて，どのような改善・対策ができるか考えてみましょう。

心配なこと	注意すべきこと・改善・対策
①冬は暖房器具としてエアコンを使うが，足元がなかなか暖かくならず寒い	
②冬は暖房器具と加湿器を使用するが，時々，朝方，窓に結露がひどく，放置してカビが生えた	
③翌日すてるゴミをまとめて玄関に置いて寝ると，においが残ってしまう	
④時々，上階の人の足音や食器の音が聞こえてくる。自分も下の階の人に不快な生活音を感じさせているかもしれない	
⑤夏場は，南からの日差しが強く，冷房してもなかなか室温が下がらない	

4. 住まいの維持管理

(1) 住まいの寿命

　私たちが生活する住まいにも，人間と同じように寿命があり，これを耐用年数と呼ぶ。木造や鉄筋コンクリート造などの構造上の物理的な寿命である物理的耐用年数，新しい設備機器の導入や生活様式の変化による機能的耐用年数，道路や堤防建設などの社会的要請による社会的耐用年数など，耐用年数にはさまざまなものがあり，物理的耐用年数を迎える前に取り壊される場合もある。持続可能性が重視される今日では，日常生活の管理や定期的な点検・修理によって，住まいの老朽化を防ぎ，長持ちさせる必要性が高まっている。耐用年数は，建築材料や立地，メンテナンスにより大きく左右されるため，私たちは住まいの状況をよく知り，どのようなメンテナンスが有効かを考えていくことが望ましい。

表4－4　住まいの周期点検箇所とそのポイント

場所	種類	点検項目	点検周期	手入れ・更新・取り換え	場所	種類	点検項目	点検周期	手入れ・更新・取り換え
土台		基礎からのずれ・浮き，断面欠損，腐朽・蟻害	5年	防腐・防蟻処理（5年ごと）	床仕上げ	フローリング	はがれ，ひび割れ，浮き，腐朽，傾斜，汚れ，反り，きしみ	日常	全面取替を検討（3～25年）
屋根	瓦葺き（和瓦）	ずれ，はがれ，浮き，割れ，雨漏り，変形	5年	全面葺替を検討（20年目）		畳	汚れ，変色，ダニ，凹凸	日常	2～3年で裏返し 全面取替を検討（12～25年）
	スレート瓦葺き	ずれ，はがれ，浮き，割れ，雨漏り，変形，仕上げ劣化	5年	全面葺替を検討（15～30年目）		カーペット	凹凸，カビ，反り，ダニ，タイルなどの汚れ，割れ	日常	全面取替を検討（6～10年）
	金属板葺き	ずれ，はがれ，浮き，割れ，雨漏り，変形，仕上げ劣化，さび，釘浮き	5年	全面葺替を検討（15年目）	壁仕上げ	クロス張り，板張り，繊維壁，砂壁	浮き，カビ，はがれ，変色，汚れ（漏水しみ），割れ，腐朽，傾斜，蟻害	日常	全面取替を検討（10～15年）
外壁	サイディング壁	割れ，欠損，はがれ，シーリング材の破断	3年	シーリング打ち替え（5～7年目）張り替えの検討（20～30年目）	天井仕上げ		しみ，汚れ	日常	全面取替を検討（10～15年）
	モルタル壁	割れ，浮き，仕上げ劣化，汚れ，はがれ	3年	ひび割れの部分補修（3～5年目）全面再塗装（15～20年目）	内部建具	木製建具	建具周囲のすきま，建具の開閉不良，破損，汚れ	日常	全面取替を検討（15～20年）
	タイル貼り壁	割れ，欠損，浮き，はがれ	3年	モルタル打ち替え（5～7年目）張り替えの検討（20～25年目）		ふすま，障子	建具周囲のすきま，建具の開閉不良，破損，汚れ	日常	2～3年ごとに張り替え
バルコニー	木部	腐朽，蟻害，破損，床沈み	2年	再塗装（3～5年）					
	鉄，アルミ部等	さび，腐食，破損，ぐらつき	2年	再塗装（焼き付け塗装5年，通常塗装3年）					

出典）一般社団法人住宅金融普及協会「住まいの管理手帳（戸建て編）」，p.96－97（2020）

（2）点検・補修・修繕

　快適で安全な生活を保ち，建物の性能の低下を防ぐためには，住まいの傷みに対応した点検・補修・修繕が重要である。1年を通して，気候や地域状況による影響を考え，計画的に定期点検を行うことが望ましい。特に，梅雨や台風，降雪の時期の前には事前の定期点検によって，危険個所や老朽化の程度を知ることが可能となり，安全性の意味でも，経済的にも効果的である（表4-4）。近年は季節外れの豪雨や台風など，気象が安定していないため，定期的な点検が重要である。また，冬場に室内湿度に比べ窓などの表面温度が低い時に窓に水滴がつく結露が発生するだけでなく，夏場にも日射などにより壁の中の湿度が上昇し，結露が生じる。そのため，日頃から室内の風通しを良くし，窓を開けることが難しい場合には換気扇や除湿機を活用することが望ましい。また結露発見時は，こまめに拭き取ることも大切である。

（3）日常的な掃除

　日常的な掃除では，汚れの種類と掃除をする場所・モノの材質を知った上で，適切な洗剤と掃除道具を利用して効率的に行うことが重要である。

　住まいの汚れは，① 空気中のほこり（ハウスダスト），② 人や動物の接触による汚れ，③ 水や湿気による汚れ（カビ，シミなど），④ 薬や薬品による汚れ，⑤ 光による変色や変質などがあげられる（表4-5）。

　掃除では，汚れの原因に合わせて，適切な用具を用いて汚れを取り除くとよい。上部から下部や，内側から外側へといった手順を守り，畳や板の間では目に沿って行うことが段

表4-5　汚れの種類と状態

汚れの分類	汚れの種類	汚れの付く主な場所
のっている	土ぼこり	玄関，勝手口，ベランダ
	綿ぼこり	寝室，居間，家具の裏
	食品くず	台所，食堂，居間
	髪の毛・ふけ	寝室，居間
付着している	どろ汚れ	玄関，廊下，外窓
	油汚れ	台所，食堂
	食品による汚れ	台所，食堂
	手垢汚れ	ドアの把手，スイッチおよび周辺の壁，家具
	変性油汚れ	台所（換気扇，レンジ）
	焦げつき汚れ	台所（レンジ，鍋）
	石けんかす汚れ	浴室，洗面所
	し尿汚れ	トイレ
	カビ	浴室，台所，押し入れ
	鉄分による黄変，鉄さび汚れ	トイレ，浴室，洗面所，外回り

出典）村山篤子・鎌田浩子編著：『家政学実習』，建帛社（2006）を参考に作成

① 上から下へ	② 奥から手前へ	③ 軽い汚れからひどい汚れへ
ほこりは，上から下へ落ちていくので，高いところから始め，順に低いところへ進めていく	出口から遠い奥から始め，出口に向かって進むと掃除したところを踏まずに仕上げられる	洗剤は隅や狭い面で汚れ落ちを確認しながら全体を掃除する。洗剤が合わない場合もあるので，軽い汚れで試してから強いものに変えていくとよい

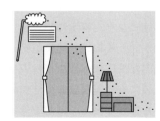

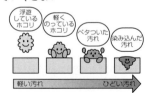

図4-12　掃除の基本ルール

掃除計画	ふだん掃除		気合い掃除	
	・よく使う場所 ・汚れやすい場所	使ったついでに掃除	・ふだんあまり使わない場所 ・汚れが溜まった場所	時間をかけて掃除
場所の使用頻度	よく使う			たまに使う
掃除頻度	毎日	毎週	毎月	季節ごと
主な内容	玄関・廊下・便所・浴室・洗面所・居間・食堂・台所・寝室・個室	応接間・客間，冷蔵庫・食器棚の中の整理	窓ガラス・家具の手入れ	カーテン洗濯，壁・天井，押し入れ・物置の中，暖房や冷房設備の手入れ，行事関連のモノの手入れ

基本的な掃除用具

マスク　手袋　柄付きブラシ　粘着ローラー　雑巾
ちりとり　ほうき　スポンジ　ブラシ　ハンディモップ　フロアモップ　掃除機

図4-13　効果的な掃除の計画と基本的な掃除用具

取りよく進めるためのポイントである。よく使う場所・汚れやすい場所は，使ったついでに掃除する「ついで掃除」を心がけると，負担が少なく掃除が可能である。あまり使わない場所，汚れがたまった場所は，時間に余裕がある時などに，時間をかけて「気合い」掃除を行うことが望ましい。(図4-12, 図4-13)。

　また，汚れを効果的に落とすために，洗剤を使用するとよい（表4-6）。洗剤の使用では，汚れの種類に応じた液性のものを選ぶことが重要で，必ず家庭用品品質表示法に基づく表示を確認して，正しい使用方法に従って使う必要がある（図4-14）。洗剤は直接汚れにかけると材質を傷つけてしまうこともあるので，スポンジや雑巾につけてから使うとよ

表4-6　いろいろな洗剤

		特　徴
合成洗剤		界面活性剤を主成分とし，汚れの種類に合わせて液性があり（酸性・弱酸性・中性・弱アルカリ性・アルカリ性），汚れに適した洗剤を選んで使用する
洗浄剤		酸やアルカリの化学作用でしつこい汚れを落とす。合成洗剤よりも強力なので，説明書きをよく読んで使用する必要がある
研磨剤		こびりついた汚れを落とすのに効果的。粉末とクリームとがある
漂白剤		化学反応によって，シミや汚れの色素を分解して白さを回復させるもの
	酸素系	主成分は過炭酸ナトリウム。塩素系より効き目が穏やかで，においがなく安全。脱脂力が強く頑固油汚れに効果的
	塩素系	主成分は次亜塩素酸ナトリウム。漂白力が強く，カビ汚れに適している。ツーンとしたにおいが特徴
	還元型	鉄さび汚れを取るのに適している。塩素系漂白剤や鉄分で黄色に変色したものをもとに戻す

出典）ダスキン：「おそうじ大辞典」（https://www.duskin.jp/jiten/）を参考に作成

液性	酸性	弱酸性	中性	弱アルカリ性	アルカリ性
pH	pH 0	pH 3	pH 6	pH 8	pH11　　pH14
汚れの種類	便器の尿石・石けんカスに効果的	水垢・軽い	軽い汚れ	普通の汚れ・皮脂汚れ・たばこのヤニ	しつこい油汚れ・シミ
特徴（○長所）（●短所）	●材質にダメージを与える場合がある ●皮膚や目に刺激が強い	●塩素系漂白剤と混合すると有毒ガスが発生する危険あり	○安全性が高い・材質への影響が少ない ●洗浄力が弱い ○洗浄力が強く広く汚れを落とす		●材質にダメージを与える場合がある ●皮膚や目に刺激が強い

図4-14　洗剤の液性と特徴

出典）ダスキン：「おそうじ大辞典」（https://www.duskin.jp/jiten/）を参考に作成

い。洗剤の成分や香りによるアレルギー症状が出る場合や，自然環境保護の観点から，化学洗剤だけでなく，重曹やアルコールなどの自然素材を清掃に活用することも注目されている。また新聞紙や茶殻，コーヒーかすなどの身近にあるものの掃除への活用は資源の再利用につながり，自然環境保護の観点からも再注目されている。

　長時間居室で過ごす高齢者や病人の場合は，掃除のための換気によって，暖まった室内に冷たい外気が急に入らないように注意が必要である。また，掃除中は，室内にほこりが浮遊するため，体調に影響がないように気をつけたい。

　集合住宅の場合は，入居時の取り決めに従ってルールを守って管理することが必要である。近隣への配慮から，水をまくことやほこりが舞い上がる掃除ができないこともある。掃除は，同じ場所でもいろいろなやり方があるので，適した方法の検討が必要である。図4-15と図4-16を参考までに示した。

　高性能の部材が多く取り入れられ，気密性が高くなっている今日の住まいでは，シックハウス症候群やハウスダストによるアレルギーなどが心配されている。抵抗力の弱い子どもや高齢者の被害が多く，衛生管理の意味でもメンテナンスは重要といえる。

図4-15 部屋ごとの主な汚れの例

雑巾の絞り方

雑巾を絞るときは，両手を順手（手の甲を手前にして握る）と逆手（手のひらを手前にして握る）にして雑巾をタテに持って絞る。ヨコに持って絞ると中央に水分がたまってうまく絞れない

雑巾を使った拭き掃除

- 絞った雑巾は，手の大きさになるように半分や1/4に折りたたみ，汚れたらきれいな面に変えながら拭く
- 拭くときは，高いところから低いところへ進み，床や畳は，目に沿って奥から手前に拭いていき，拭いたところを通らないようにする
- ＊畳は，水気を嫌うので，固く絞った雑巾を使用し，よく乾燥させるとよい

手の大きさに合わせて1/4や1/2に雑巾を折りたたんで常にきれいな面で拭くと効率的

- 机などは，はしを拭いたあとに，全体を拭くようにし，拭き残しがないように気をつける

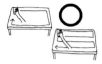

掃除機のかけ方

①窓を開けて換気する（ほこりが舞い上がる）
②ものを片づける（邪魔になるものやコード類など）
③高いところのほこりを払っておく
④ゆっくりと掃除機をかける（掃除機のヘッド（吸い込み口）が浮かないように注意，掃除機は身長の半分程度の長さを出し，腰に負担がない姿勢で片手で押すとよい）
⑤畳やフローリングは目にそって，カーペットはタテヨコ十字にかける
＊掃除する場所や汚れの状況によって，強弱の吸い込みモードを使い分ける
＊掃除機についているアタッチメント（ノズル）を場所ごとに使い分ける

フロアワイパーの使い方

①掃除する場所に応じて，シートをワイパーに取り付ける。シートは，乾いたもの，濡れたものなどを選ぶ
②奥から手前，軽い汚れからひどい汚れの順にふく
③畳の場合，フローリングの場合は，目にそってふく
＊柄の長さによっては，天井や壁の掃除にも効果的に使用できる

図4-16 掃除の基礎知識

出典）花王：「マイカジスタイル　掃除ガイド」（http://mykaji.kao.com/）を参考に作成

4．住まいの維持管理　　*149*

ワークシート ●川本さんのトイレ掃除について考えてみましょう

〈事例〉
　大学生の川本博さんは，大学の近くにアパートを借りて一人暮らしをしています。ある日の週末，実習中は忙しくてできなかったトイレの掃除をすることにしました。ちょうど，今まで使っていたトイレ用洗剤がなくなってしまったので，新しい洗剤を購入し，必要な掃除用具を準備して掃除を始めました。
　新しく買った洗剤を使って便器をいつものように掃除してみましたが，汚れが落ちないので，少しだけ残っていた古い洗剤を追加して使用しました。少しすると，川本さんは，気分が悪くなり，息苦しくなってしまいました。

作業1
川本さんがトイレ掃除のために用意したと思う掃除用具をあげてみましょう。

作業2
川本さんが効率よくトイレ掃除をするための手順について考えてみましょう。

作業3
　川本さんが使用した洗剤で，新しい洗剤には「塩素系トイレ用洗剤」，古い洗剤には「酸性トイレ用洗剤」と書かれていました。川本さんが，掃除中に気分が悪くなった理由と，何に注意するべきだったかを考えてみましょう。
① 　気分が悪くなった理由

----

② 　気分が悪くなるような洗剤の使い方をしないための注意点

150　Ⅳ．住生活

ワークシート ● 山口さんの集合住宅の管理について考えてみましょう

〈事例〉
　ある日，実習先の有料老人ホームの正面玄関の掃除をしていた南かおりさんは，入居されている山口しずさん（83歳）に呼び止められ，山口さんが以前住んでいたマンションの掃除についての話題になりました。山口さんが暮らしていたマンションには，掃除の仕方や建物管理について，住民同士の取り決め事項があり，管理のための組織もあったそうです。マンションのような集合住宅に住んだことがなかった南さんは，その内容を聞いて，住まいの形態によって管理の仕方にも違いがあり，そのルールに従うことが大切だと感じました。

　南さんは，山口さんの話を聞いて，集合住宅の管理について調べてみることにしました。南さんが調べたことや，マンション居住者の実態調査の結果をみて，集合住宅の特徴やトラブルについてわかったことを参考に次頁の作業1・2をしてみましょう。

● 南さんが調べた内容

〈集合住宅の特徴〉
・家族構成や価値観が違う不特定多数の人が集まって住んでいる。
・住み手の占有スペースと住み手が共有して使う共用スペースがある。
・占有スペースは，住み手の判断・責任で管理する。
・共用スペース・建物のメンテナンスや使い方，居住者同士のルールや決まりについて居住者が協力して考える。
・分譲マンションの場合は，「建物の区分所有等に関する法律」に基づき占有スペースと共用スペースがある。
・居住者は，管理組合をつくって運営し，居住者自らが管理を行う場合と管理業務を業者に任せるケースなどもある。

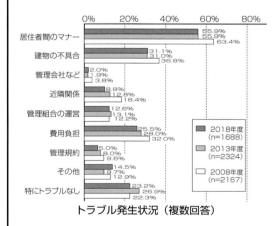

トラブル発生状況（複数回答）

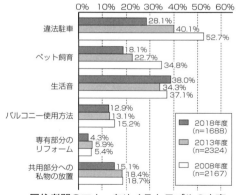

居住者間のマナーをめぐるトラブルの内容（複数回答）

出典）国土交通省住宅局市街地建築課マンション政策室：『平成30年度マンション総合調査結果報告書』，p.17（2019）

4．住まいの維持管理　　*151*

作業 1

　南さんが調べた内容を参考に，集合住宅には，山口さんが住んでいたようなマンションのほか
にどのような住まいがあるかあげてみましょう。

作業 2

　南さんが調べた内容を確認し，以下の項目について，集合住宅で生活したり生活支援をする際
に注意すべきことをあげてみましょう。

①　日常生活での注意

---

②　共用部分を使用する際の注意

---

③　点検・補修・メンテナンス・日常的な掃除の注意

---

5. 住生活と安全—安全に暮らすための生活環境

　私たちの日常生活では，安全を脅かすさまざまな現象がある。ここでは「犯罪と防犯」「災害と防災」について考えてみよう。

（1）犯罪と防犯

　空き巣や窃盗などの犯罪から家族の安全や財産を守るための防犯対策では，住まいの状況を把握して，犯罪にあいにくい環境をつくることが重要となる。警察庁の調べによると，住宅への侵入被害では，鍵をかけない無締りが最も多く，次いでガラス破りとなっている（図4-17）。普段から防犯意識を高くもち，日頃からできる防犯対策を確認しておこう（表4-7）。

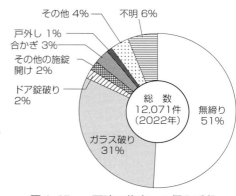

図4-17　一戸建て住宅への侵入手段

出典）警察庁：「住まいる防犯110番」より作成

表4-7　さまざまな防犯の工夫

外回り	①表札に家族のフルネームを載せない
	②庭の植栽を手入れする 　侵入者の隠れやすい場所や外部からの死角にならないようにする
	③2階への足場になるものを置かない 　自転車やエアコンの室外機などを足場にして上階へ侵入することを防ぐ
	④夜間，門灯やセンサーライトを利用する 　人の視線の届かない死角や暗闇などを狙った侵入を防ぐ。歩くと音がする防犯砂利やセンサーライト，監視カメラ，門灯が効果的
	⑤「地域の目」で犯罪の起きにくいまちにする 　普段から，あいさつや声かけを励行し，ご近所付き合いを持つことで，自分たちが住んでいる地域やまちのことを知り，「地域の目」で犯罪の起きにくいまちを目指す
屋内	❶玄関や窓のロックを工夫する 　玄関扉や窓を2重ロックにし，開錠に時間がかかるようにする 　ピッキング対策の鍵を選ぶ 　玄関周辺に合鍵を隠したりせず，家族間できちんと管理する
	❷外出時は短時間でも施錠する 　ごみ出しやちょっとした外出でもきちんと施錠する
	❸カメラ付きインターホンや防犯カメラなどを利用する 　事前に留守の時間を調べたり，下見をする侵入者もいるため，訪問者を屋内から確認できる工夫も必要
	❹留守だと悟られない工夫をする。 　長期不在の場合は，郵便物や新聞を事前にとめておく 　洗濯物を干したままにしない（外出時・夜間）

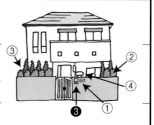

出典）警視庁ホームページ「侵入窃盗犯対策」を参考に作成

（2）災害と防災

災害は大きく非常災害と日常災害に分けることができる。

1）非常災害

非常災害には地震や豪雨等の異常な自然現象による被害である自然災害と，大規模な火事・爆発などの事故災害などがある。特に，日本は有数の地震国であり，これまでにも大震災による甚大な被害を受けている。地震による被害は，家屋の倒壊，破損などさまざまで，家具の転倒や落下によって火災などの二次災害を引き起こすことや，避難通路を妨げられてしまうことも多い。そのため，普段から自宅の安全確保と災害時の避難経路や避難場所などを確認することも必要である（表4-8・9，図4-18）。防災マニュアルを作成している自治体もあるので，もしもの時に備えて手元に用意しておくと便利である（図4-19）。地域のハザードマップや防災計画などを調べて，自分の住む地域について知り，いざという時の対策を家族で相談して備えておくことで，災害が発生した時，被害を最小限におさえ，慌てずに行動することができる（表4-10）。通信や交通などのライフラインが寸断されてしまうことも想定して，一人ひとりが自分の身を守る「自助」に取り組むだけでなく，地域や身近な人と日常的にかかわりを持って，助け合って防災に取り組む「共助」も，今後ますます重要である。

これまでの災害経験に基づいて，技術やしくみを強化してきた日本の防災の取り組みは，世界でも注目されており，これまで積極的に国際防災協力を推進してきている。地球温暖化などに関連した自然災害は，日本だけでなく世界各国でも大きな問題となっている

表4-8　さまざまな防災の工夫（火災）

防火の工夫
・発火防止のためコンセントにほこりやごみをためず，普段から掃除しておく
・たこ足配線や古いプラグは熱をもつことがあるので注意する
・コンロで火を使うときは，短時間でも目を離さず，離れるときは必ず消す
・調理中に，衣服の袖口に火がつくようなことがないように注意する
・仏壇のロウソクや線香など，長時間つけっぱなしにしない。近くに燃えやすいものを置かない
・マッチやライターなど，小さい子どもの手の届くところに置かない
・火がついた状態で暖房器具を移動しない。洗濯物やスプレー缶など発火の原因になるものを近くに置かない
・レンズと同じ働きにより太陽光線で発火する水槽やペットボトルに注意する
・放火の原因になるような，燃えやすいものを家の周りに置かない
・消火器を用意しておく 　＊消火器は，年月が経つと薬剤の効力が低下したり圧力が減ったりするので定期的に点検する
火災が起きたら
・火災が起きたことを大声で周囲に知らせる
・火災報知機や非常ベルを鳴らす。声が出せないときは音の出るものをたたくのも効果的
・避難するときは，服装や持ちものにこだわらずとにかく早く逃げる
・小さい子ども，高齢者，病気や障がいのある人を支援しながら避難する
・シーツや毛布などを水で濡らしてかぶり，炎から身を守る
・炎によって熱せられた煙は，空気よりも軽いため，階上に進む。そのため口を覆い姿勢を低くして煙を吸わないように逃げる
・冷静に落ち着いて119番通報する

出典）総務省消防庁：『わたしの防災サバイバル手帳』（2022）を参考に作成

表4-9　さまざまな防災の工夫（地震）

家の中で揺れを感じたら
・座布団などで頭を保護し，丈夫な机の下などに隠れる。大きな家具から離れる
・揺れがおさまったらすぐに火の始末をする
・火事が発生したときは，落ち着いて火の始末をする。無理に火元に近づかない
・揺れがおさまったら，ドアを開けて出口を確保する。屋根瓦や看板などの落下物の危険があるのであわてて外に飛び出さない
・避難するときは，必ず靴をはき，防災頭巾やヘルメットをかぶり，非常持ち出し品など必要最低限のものを持ち出す
・割れたガラスが足に刺さったり，落下物でけがをするおそれがあるので注意する
・停電時でも使用できるラジオなどを使って正しい情報を確認する
街中や施設などで揺れを感じたら
・施設の誘導係員の指示にしたがって避難し，あわてて出口や避難路に行かない
・エレベーターでは，最寄りの階に停止させ，すぐに降りる
・街中では，倒れてきそうなものから離れ，看板や建物からの落下物に注意する
・落石やがけ崩れなどが発生しそうな場所から離れる
・余震にも注意する
・津波のおそれがあるときは，急いで高いところに逃げる

出典）総務省消防庁：『わたしの防災サバイバル手帳』（2022）を参考に作成

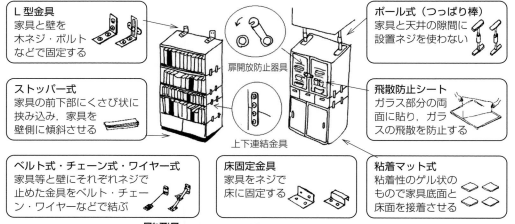

図4-18　地震への備え

出典）東京消防庁パンフレットを参考に作成

ため，今後は，災害による被害を減らすためだけではなく，被災した際に少しでも早く復興するための備えが重要であり，世界の持続可能な開発にも貢献することが期待されている。

2）日常災害

　日常災害では家庭内事故が注目されている。これは，住まいの中で起こるさまざまな事故のことで，厚生労働省の人口動態統計によると，家庭内の不慮の事故は，交通事故よりも多く，命を落とすケースもある。特に，他の世代に比べて65歳以上の高齢者が被害にあいやすいという統計もある（図4-20）。

　また，その発生場所は，居室などの住宅内が多く，日常生活の場に多くの危険が潜んで

図 4-19　防災マニュアルブックの例

出典）埼玉県危機管理防災部危機管理課『目立つところに置いておきたい防災マニュアルブック』(2018)

表 4-10　防災の知識（家族で確認しておくこと）

災害発生時に家族で連絡を取れる手段を相談しておく
家族それぞれが別の場所で災害に遭遇してもお互いに安否確認できる方法や集合場所を決めておく ＊災害用伝言ダイヤル：大災害発生時に利用可能なサービス。局番なしの171に電話をかけると，音声ガイダンスに従って安否などの伝言を音声で録音することができる。被災者の家族などが全国どこからでもその伝言を再生し，安否確認ができる。一般の加入電話や公衆電話，一部 IP 電話から利用できる ＊災害用伝言板：携帯電話のインターネットサービスを活用し，被災地域の住民が自ら安否を文字情報によって登録することができる ＊普段から自分の住む地域の「防災マップ」や「ハザードマップ」を確認して，地域の危険な場所を把握しておく ＊自宅の避難場所がどこにあるかも，あらかじめ確認しておく ＊持病のある人の薬や，小さな子どものいる家庭では紙おむつ，ミルク，哺乳びん，また生理用品なども確認しておく
ライフライン（電気・ガス・水道・通信など）が止まってしまうことを想定する
非常用品の備蓄や避難所で生活する場合に備えて，非常用持ち出し品を準備しておく 〈備蓄品の例〉 　飲料水（1人1日3リットル程度。3日分程度）。食料（4〜5日分）：ご飯（1人4〜5食分程度），ビスケット，チョコレート，乾パンなど（1人3日分程度）。下着・衣類・トイレットペーパー・マッチ・ろうそくなど

いると考えられる。こうした家庭内事故は，① 落下型，② 接触型，③ 危険物型と大きく3つに分類される（図4-21）。

　多くの家庭内事故の原因は，本人や保護者の不注意によるところも多いが，住まいの構造や設備の不備などに起因する事故も多い。我が国の住宅は，鉄筋コンクリートなどの非木造住宅が増加してきてはいるものの，木造住宅が多い。木造住宅は，伝統的な寸法基準によってつくられ，空間が狭く，床面に段差ができやすい。また，伝統的なユカ座の生活様式は，高齢者や障がい者の生活動作に負担が多く，家庭内事故の原因となることも多い。そのため安全な住環境を整備するために，日本家屋の問題点を確認しておく必要がある（表4-11）。

156　Ⅳ. 住生活

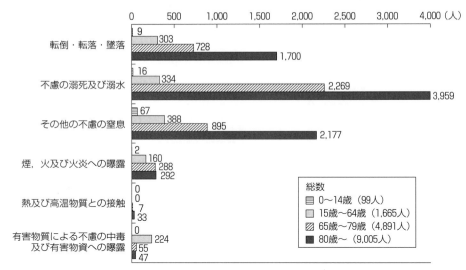

注）死因の内訳は主な項目のため，たしあげても総数にはならない。

図4-20　家庭における主な不慮の事故死亡数

出典）厚生労働省：「人口動態統計」（2021）

コラム　防災公園を知っていますか？

　私たちの身近にある公園は，災害時の避難場所として知られています。そのうち，各市の地域防災計画では，防災公園として災害時の活動拠点，救出・救助拠点，ヘリコプター活動拠点などに指定されています。公園内には，実際に利用できる防災施設が整備されていて，公園での防災体験や防災訓練などの勉強会やイベントを企画し，住民の防災意識を高め，いざというときに役立つ情報を提供しています。私たちも，自分が住んでいる地域に関心をもち，積極的に情報を収集して，主体的にまちづくりに関わっていきましょう。

【防災公園にある防災施設】

- **ソーラー照明灯**：ソーラーパネルで太陽光を受け，支柱内のバッテリーに充電することで，停電しても公園などを照らすことができ，避難場所の目印となる
- **防災パーゴラ**：屋根からテントを被せて救護室や災害対策本部として使用できる
- **災害救援自動販売機**：停電後48時間以内であれば非常用電源により飲み物を取り出せる自動販売機。緊急避難場所などに指定されている公共施設などに設置

●マンホール型トイレ ●防災トイレベンチ 下水道管までの取り付け管に沿って設置し，災害時には便器として使用する	●かまどベンチ 普段はベンチとして使用し，災害時には座る部分を外して「かまど」として使用する
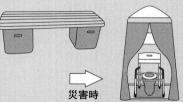	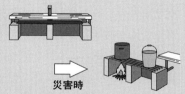

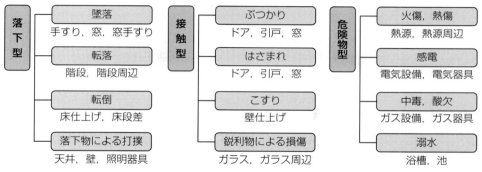

図 4-21 家庭内事故の分類
出典）佐々木誠ほか：『住むための建築計画』，彰国社，p.54（2013）

表 4-11 日本家屋の問題点

①段差が多い
高温多湿の気候の日本では，湿気対策のために地盤面から450mm離れたところに床面を設置することが建築基準法で定められている。そのため，主に1階床面までを450mm以上高く設置しなければならず，玄関上がり框などの段差が発生する
②幅員が狭い
尺貫法（伝統的な日本の寸法体系で，基準寸法は910mm）を用いた木造軸組工法でつくられた住宅は福祉用具などを使用する際は，狭い。柱芯と柱芯の間の寸法を910mmの基準としてつくることによる
③身体負担の多い生活様式
畳や床面に正座するなどの日本の伝統的な生活様式（ユカ座）を取り入れた住まいは，高齢者や障がい者にとって身体的なバランスを崩しやすく負担が多い
④温熱環境への配慮不足
日本家屋は夏の暑さ対策を重視して造られてきたため，冬の寒さ，特に温熱環境への配慮が不十分になることが多い。特に，廊下やトイレ，浴室などの暖房が不十分で，居室間の温度差が大きくなり，身体負担が多くなることが多い

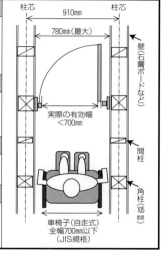

　日常生活や社会生活における障壁（バリア）を取り除いていく「バリアフリー」の考え方は，「平成7年版障害者白書－バリアフリー社会をめざして」の中で，日本で初めて取り上げられて以来，多くの分野で注目されてきた。その後，高齢者や障がい者だけでなく，すべての人が年齢や性別，国籍などにかかわらず使いやすいデザイン，環境を整えようとする「ユニバーサルデザイン」の考え方も浸透している。

　日常災害に結びつく日本家屋の問題点に加えて，私たちの日常生活における生活財の管理についても注目しておきたい。モノが豊かになる，手軽に欲しいものが手に入る今日では，生活財があふれて住まいの中の生活空間が圧迫され，それが原因で害虫や臭気の問題，家庭内事故に結びつく場合もある。また，災害発生時に，生活財が避難を妨げるケースや，モノを処分できず，自宅にため込んで近隣地域へ被害を及ぼすごみ屋敷の問題も増加している。生活財は，思い出の品や愛着のあるものもあれば，捨てても困らないものまでさまざまである。独居の高齢者などの場合は，ごみ集積所まで運べずにため込んでしまうケースや，認知症などによってごみの分別ができないままため込み，ごみ屋敷になって

しまうケースもある。

　安全な空間の確保と，快適性と衛生面からも生活財の分別と管理が必要である。そのため，日ごろから整理整頓を心がけ，生活状況や身体状況によって生活財の収納や廃棄などの管理，必要な支援を検討していくことも必要である（図4-22）。

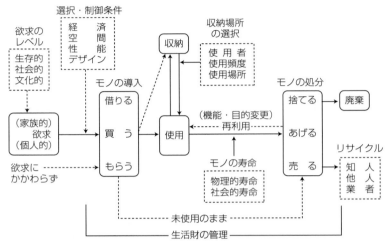

図4-22　生活財の管理プロセス
出典）岸本幸臣編：『図解テキスト　住居学』，彰国社，p.70（1997）

> **コラム　家庭内事故を防ぐための工夫——住環境整備**
>
> 　家庭内事故は，子どもや高齢者に多く発生しています。子どもは，安全の判断ができず住宅内のあらゆる場所を遊び場にして行動し，危険認識が難しいことがあります。そのため，周囲の大人が子どもの行動に気を配る必要がありますが，大人がずっとついて監視しておくのは難しいことです。そこで，あらかじめ考えられる住環境整備をしておくことが重要になります。特に，月齢や個々の性格によっても遭遇する危険が大きく異なる乳幼児など，目安となる発達状況に応じて起こりやすい事故を把握し，対策をその時々で講じていくことが効果的です（図4-23）。
> 　また，高齢者は，加齢に伴う身体機能の低下や生活状況の変化によってこれまでの生活リズムが大きく変化します。思わぬ家庭内事故（図4-24），病気や障がいによっても，日常生活を著しく制限され，住み慣れた自宅に住み続けることが難しくなることもあります。そのため，自立して生活しているときから予防的な視点をもって住環境整備をしておくことが有効です（図4-25）。今日では，住環境整備は，多くの人々に必要とされるようになってきました。しかし，実際の住環境整備の現場では，家族状況や身体状況，抱えている疾病，住まいの状況によって，求められる住環境整備が異なることが多く，自立度や設定された生活目標を理解せずに，デザインや経済性を重視した住環境整備をしたことで，利用者の生活意欲を喪失させ，残存能力が低下してしまうケースも報告されています。そのため，今後の変化なども想定して柔軟な対応が求められます。

5．住生活と安全―安全に暮らすための生活環境　159

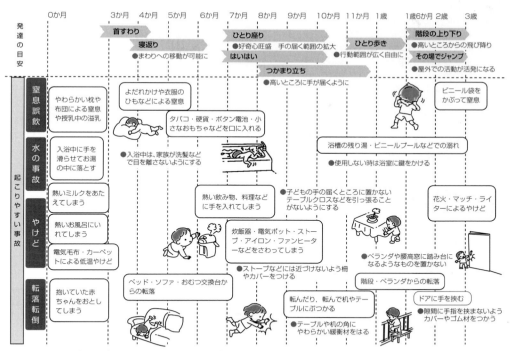

＊起こりやすい事故の内容は，主に住まいの中で起こるものを取り上げた。

図4-23　子どもの発達と起こりやすい家庭内事故とその対策の例

出典）消費者庁：『子どもを事故から守る事故防止ハンドブック』，(2023)を参考に作成

図4-24　高齢者に起こりやすい家庭内事故の例

160　IV. 住生活

段差への配慮

- ●住まいの中の主な段差
  玄関上がり框・浴室（脱衣室〜洗い場）・廊下と和室（畳）など
- ●主な段差への対応策
  ①手すりを取り付ける
  　靴の着脱など安定した動作のためにいすを置いて利用する
  ②玄関マットや浴室の足ふきマットはしっかりと固定するか，置かない
  ③数センチの段差対応：ミニスロープ（三角の木片）を利用する
  ④踏台（段を均等に小分けにする台）を利用する
  ⑤スロープを利用する（勾配が急にならないよう配慮する）
  ⑥段差解消機などの福祉用具を利用する
  　（設置場所やメンテナンスなどの配慮が必要）
  ⑦床のかさ上げ工事などを行う（費用や工事期間を考える）

③ミニスロープ利用

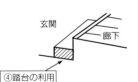
④踏台の利用

安全な建具の利用

- ●主な建具
  出入り口などの建具は，主に以下のものがある。姿勢を安定させた状態で開閉できるのは引き戸
  　①開き戸　　　　　　　　②引き戸　　　　　　　　③その他

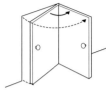
手前に引くか奥に押すかして建具を動かして開閉するため，開閉の際にバランスを崩しやすい

建具をスライドさせて開閉。建具に近づき，姿勢を安定させたまま開閉できる

折戸，アコーディオンドア，回転ドア，自動ドアなど

＊建具では，まわしたり力をかけるなどの複雑な操作を必要としない開閉しやすい把手（取っ手）を検討

手すりの利用

- ●いろいろな手すり
  手すりは，主に以下の3種類がある。そこで行う動作によって必要な形状が異なるので目的に応じた手すりを選ぶ
  　①横手すり（Hand Rail）　　②縦手すり（Grab Bar）　　③複合手すり（L型など）

廊下や階段など前後の動きの際に使う。軽く手を添えたり，肘を置いて利用することもある。やや太めが使いやすい

トイレや浴室など立ち上がりなどの上下の動作で体重をかけて利用する。やや細めでしっかりと握れるとよい

縦手すりと横手すりの2つの機能を併せもつ。移動や上下に動く動作など複数の動作を行う際に利用する

＊丸型や平型など，握りやすさや利用目的に応じて，使いやすい形状を選ぶ

温熱環境への配慮

＊夜間や冬場の部屋と廊下などの温度差が著しいと体が血圧を急激に調整し，体温を一定に保つために心臓などに負担が生じるヒートショック現象が起こりやすい。そのため，室間の温度差がないように，暖房器具を利用する。特に，トイレ，浴室では配慮が必要
＊夏の暑さにより，室内でも熱中症になる人が増加している。水分をしっかりとり，冷房を上手に利用する

図4-25　住まいへの配慮

5．住生活と安全―安全に暮らすための生活環境　　161

ワークシート ● あなたの住まいの防犯について考えてみましょう

〈事例〉
　実習生の南かおりさんは，ある日，駅で配布されていたチラシを受け取りました。チラシは，南さんの住んでいる地域で多発している空き巣に関するもので，「住まいの防犯チェックリスト」が書いてありました。今まで防犯についてあまり関心がなかった南さんは，よい機会なので自宅の防犯対策について考えてみることにしました。

作業1

　南さんは，さっそく，チラシについていたチェックリストを使って，自宅の安全性についてチェックしてみました。南さんのチェックリストをあなたの自宅にあてはめてチェックしてみましょう。

あなたの家の防犯チェックリスト〈戸建て住宅〉

	チェック項目	○×
外周	1．家の周囲に高い塀や生い茂った植え込みがあり，建物の見通しが悪い	
	2．家の周囲に物置き，室外機，ごみ，自転車など2階への足場になるものが置いてある	
玄関・勝手口周辺	3．門灯や玄関灯がなく，玄関周辺が暗い	
	4．表札に家族のフルネームを書いている	
	5．家の周囲には，センサーライトはない	
	6．出入り口（玄関・勝手口）は壊されにくい材質・性能のドアではない	
	7．ピッキングに強い錠ではない	
	8．サムターン回しに強い錠ではない	
	9．ドアに複数の鍵をつけてはいない	
窓	10．窓に雨戸やシャッターがついていない	
	11．防犯ガラスでない，防犯フィルムをはっていない	
	12．面格子をつけていない	
ベランダ	13．ベランダの柵は外からの見通しが悪い	
	14．ベランダの窓には補助錠をつけていない	
環境・習慣	15．ごみ捨てなどのちょっとした外出の際は鍵をしめないことがある	
	16．お風呂場やトイレの小窓をあけたまま外出することがある	
	17．洗濯物を干したまま外出することがある	
	18．玄関ポストや庭の植木鉢などに家族だけにわかる合鍵を隠している	
	19．ご近所付き合いがない	
	20．住まいは空き地や駐車場に隣接している	

162 Ⅳ. 住 生 活

あなたの家の防犯チェックリスト〈集合住宅〉

	チェック項目	○×
共用 出入り口	1．オートロックシステムでない	
	2．建物の出入り口に高い植え込みがあり，建物の見通しが悪い	
	3．防犯カメラがついていない	
	4．管理人がいない	
	5．集合郵便受けに鍵をかけていない	
エレベーター	6．エレベーターホールが暗く，見通しが悪い	
	7．エレベーターに防犯カメラがついていない	
	8．エレベーターに非常ベルがついていない	
共用部分	9．廊下や階段は暗い	
	10．駐車場や駐輪場は暗い	
	11．廊下や階段，駐車場や駐輪場に防犯カメラがついていない	
住居玄関	12．玄関表札に家族のフルネームを書いている	
	13．玄関は壊されにくい材質・性能のドアではない	
	14．ピッキングに強い錠ではない	
	15．サムターン回しに強い錠ではない	
	16．ドアに複数の鍵をつけてはいない	
	17．カメラ付きインターフォンがついていない	
窓	18．共用廊下側の窓ガラスは防犯ガラスでない，防犯フィルムをはっていない	
	19．共用廊下側の窓ガラスには面格子がついていない	
ベランダ	20．ベランダの柵は外からの見通しが悪い	
	21．ベランダの窓には補助錠をつけていない	
環境・習慣	22．ごみ捨てなどのちょっとした外出の際は鍵をしめないことがある	
	23．郵便ポストや玄関周辺などに家族だけにわかる合鍵を隠している	
	24．ご近所付き合いがない	

作業 2

チェックリストの○のついた項目を数えて診断し，それぞれ，できる対策を考えてみましょう。

診断〈戸建て住宅〉

16個以上	危険です。被害にあわないように対策を考えましょう
11〜15個	少し不安です。被害にあわないように対策を考えましょう
6〜10個	防犯対策はされていますが，さらに対策を考えましょう
5個以下	防犯対策がなされています。今後も防犯を心がけましょう

診断〈集合住宅〉

19個以上	危険です。被害にあわないように対策を考えましょう
13〜18個	少し不安です。被害にあわないように対策を考えましょう
7〜12個	防犯対策はされていますが，さらに対策を考えましょう
6個以下	防犯対策がなされています。今後も防犯を心がけましょう

＊診断はあくまでも目安です。参考としましょう。

5．住生活と安全―安全に暮らすための生活環境　　163

ワークシート ● いざという時の対処を考えておきましょう

〈事例〉
　斎藤はなさん（78歳）は，15年前に夫と死別後，一人暮らしをしています。変形性膝関節症があり，外出が思うようにできないことや動作に時間がかかることもあり，地震や火災が発生した際の避難について不安をもっています。しかし，具体的な対策を全くしていません。斎藤さんの生活の様子を知る実習生の秋山仁美さんは，いざという時の避難について考えてみることにしました。

作業1

・災害が発生した際に，斎藤さんが慌てずに行動できるよう，実際の災害の場をイメージして取るべき行動や日ごろからの備えを確認してみましょう。ここでは，地震発生時を想定して考えてみましょう。

確認すること	実際にすること
地震が発生した場合に身を守る行動は？	
被害を少なくするために家の中の安全対策としてできることは？	
ライフラインが止まってしまった際のために備蓄しておくものは？	
住まいの近くの避難場所，避難所は？	
家族への連絡方法は？	

作業2

　斎藤さんの場合，地域の避難場所や避難所への避難が必要となった場合，一人で避難することが難しい状況です。安全な避難のために，日常的にしておくべきことはどのようなことか考えてみましょう。住まい周辺の地域の地形や地理的特徴，地域に住む人の状況等も考えてみましょう。
　＊避難の手助けをしてくれる協力者が住まいの近くにいるでしょうか。
　＊避難する際の経路はどうなっているでしょうか。

作業3

　住んでいる地域の自治体ホームページなどから防災マップやハザードマップを調べ，実際に手元に用意して確認をしましょう。
国土交通省ハザードマップポータルサイト

6. 住まいと地域生活

(1) 地域の中の住まい

　私たちの暮らしは，住まいの中だけで完結するわけでなく，学校や会社に通ったり，毎日の暮らしのために買い物に出かけたり，役所や図書館，駅などのさまざまな地域の中の施設を利用している。そのため，住まいの中の安全や快適性だけを考えればよいわけではなく，周辺の地域環境や日常生活圏まで広げて，目を向けることが重要といえる（図4-26）。私たちは住まいの立地条件や自然環境，治安状況，利便性などが適切かどうかを判断し，住まいの場所や住まいの形態を選びながら，日常生活圏に住む人々と相互に関係をもちながら，地域コミュニティを形成している。しかし，現代では，家族規模の縮小や近隣との関わり方の変化も関連して，都市部へ人口が集中する一方で農山漁村部では過疎化が深刻化し，地域差も顕著となっている。また，高度経済成長期に建設された多くの建物の老朽化や空き家の増加も目立つようになり，ご近所同士の見守りや地縁といった近隣交流が減少していることも問題となっている。

　地域には，その土地の歴史や文化があり，環境にも地域性がみられる。農山漁村と都市部では，その土地の産業や居住者層も異なっている。そのため，地域性を考慮して，安全で安心した生活が快適に送れるようなまちづくりが重要といえる。

(2) ライフスタイルと住まい方の多様化

　かつて多かった多世代世帯は減少し，核家族や単身世帯が増加するなどライフスタイル

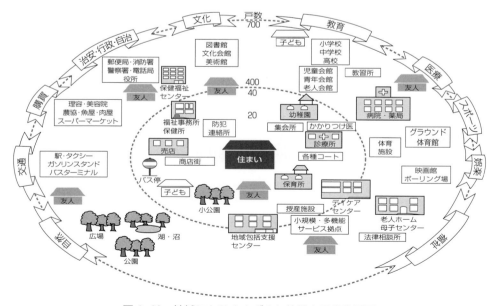

図4-26　地域にあるさまざまな施設と日常生活圏

6．住まいと地域生活　*165*

は多様化し，それに合わせた住まい方も多様になっている。多世代の大家族が同一住居に暮らす伝統的なライフスタイルに代わって，二世帯住宅や隣居・近居など住まいや住まい方もその家族ごとにいろいろなパターンが生まれている。また，ルームシェアリングやシェアハウス，グループリビングなど，血縁関係にない者同士が同一住宅に居住するライフスタイルもある。近くに身寄りのない単身高齢者の場合は，経済的な理由や緊急時の対応の難しさからも現在の住まいの確保が難しい場合もある。適応力の低下した高齢期での転居は，住環境の変化だけでなく，これまで培ってきた地域住民との関係性や外出環境の変化にもつながり，心身への負担も大きいことが懸念される。そのため，現在の住まいに住み続けることができるか，転居が必要か，場合によっては，生活圏を変えずに各種支援のある住まいを見つけるなど，将来を見越した早めの住み替えを検討することも必要となっている。

（3）まちづくり

　日本ではかつて，農業生産を生業とした農業社会を中心に地域生活を送ってきた。そのため，地域ごとの地形や気候などに合わせて，その地域に住む人々が地域の状況に応じた組織をつくり，ルールや生活スタイルを考えて歴史を積み上げてきた。それが文化となり，まちづくりの基本となっている。産業の発達などにより都市部への人口流入に合わせた都市づくりや，さまざまな開発が進められてきたが，地域の伝統的な建物や自然環境を守り，防災や防犯，交通，景観といった幅広い観点から，そこに住む人々のニーズに合ったまちづくりを進める必要がある。

　私たちが暮らす住まいやまちづくりに関しては，いくつかの制度があり，住民に最も身近な立場である市町村が，地域特性を考慮して暮らしやすいまちの形成，地域施設の配置や建て方，さまざまなルールを検討して地区計画を策定している（表4-12）。

　阪神・淡路大震災（1995年）や東日本大震災（2011年）などの災害経験を生かして，避難訓練の実施や防災公園の整備，住宅地の防災計画の見直しなど，防災のまちづくりも活発になっている。また，近隣との関係が希薄化する中でも商店街や自治会での防犯パトロールの実施や注意喚起を促すなど，個人では防ぎきれない犯罪を，地域ぐるみで対策する防

コラム　多様な世代が暮らす住まい・まちづくり－団地再生の取り組み

　独立行政法人都市再生機構（UR都市機構）では，居住者の高齢化や建物の老朽化，空き家増加の問題を抱える団地が多く，建替え・団地再生事業として多様な世代が生き生きと暮らし続ける住まい・まちづくりに取り組んでいます。多摩平団地（東京都日野市，1958年管理開始　2,725戸）では，古くから地域に馴染みのある団地を「多摩平の森」（2001年～，建替え後1,528戸）として再生させています。また空き家となった建物5棟を民間賃貸住宅として活用し，若者世代を対象とした団地型シェアハウスや高齢者を中心としたサービス付き高齢者向け住宅，小規模多機能居宅介護施設など，様々な世代に魅力あふれる様々な住まいや交流の場を提供しています。

166 Ⅳ. 住生活

犯のまちづくりの取り組みなど，自助，共助の重要性も注目されている。さらに，さまざまな状況の人々が共に地域で暮らし続けていく地域共生社会の創造を目指して，福祉のまちづくりの取り組みも進められている。心身の状態や経済的な問題から住まいの確保が難しい人々や社会保障や福祉サービスなどを必要とする人々も増加しているため，それぞれの抱える課題に対応した居住支援も今後の課題といえる。特に，住宅政策では，住まいのセーフティネット構築に関わる法律や制度も作られているため，正しい情報を把握していく必要がある（表4-12）。

表4-12　まちづくりに関する諸制度・計画

まちづくりに関する主な計画	
住宅マスタープラン	地域の実情に応じた住宅整備などを推進するため地方公共団体が任意で定める制度。地域内における，住宅ストックの確保，居住水準の向上や防災や環境に配慮した住環境の創設などで構成される
都市計画マスタープラン	都市計画の指針となる計画で，住民参加で住民の意向を反映して策定する。将来のまちの様子を見据えて，まちづくりの方向を検討するためのもの。都市計画法の1992年改正によって「市町村の都市計画に関する基本方針」として新たに創設された制度
地域防災計画	1961年「災害対策基本法」を根拠とする計画で，震災，風水害，火災，雪害などの自然災害と航空災害，鉄道災害，道路災害，原子力災害などの事故災害に対応する予防計画と対応計画で構成される。高齢者・障がい者・外国人などを「災害時要援護者」と位置づけ，身体能力および情報の確認能力が低下している人への対策を講じる
まちづくり関する主な法律	
建築基準法	建築物の安全を確保することを目的に，敷地・構造・設備・用途に関する最低基準を定めている法律
都市計画法	都市内の土地利用規制や道路・公園・下水道などの都市施設の整備，市街地再開発事業，土地区画整理事業などの都市基盤整備，緑道などのまちづくりに必要な事柄を総合的に進めることを目指した法律
大規模小売店舗立地法（大店立地法）	大型店の設置者に対して，周辺地域の生活と環境を守るための適切な対応を求めることを定めた法律。交通渋滞や騒音，廃棄物などの周辺生活環境への配慮など地域社会との融和を図る目的
中心市街地の活性化に関する法律（中心市街地活性化法）	郊外の大型店舗の増加に対して，地方都市で見られるようになった中心市街地の衰退や空洞化を防ぎ，活性化に取り組む自治体などを支援するために施行された法律
住宅確保要配慮者に対する賃貸住宅の供給の促進に関する法律（住宅セーフティネット法）	セーフティネットの対象となる「住宅確保要配慮者」に対する賃貸住宅の供給促進に関する対応策の基本方針を定めたもの
高齢者の居住の安定確保に関する法律（高齢者住まい法）	加速する高齢社会での高齢者の居住の安定に関する基本的な方針を示したもの。介護や医療との連携を重視し，高齢者を支援する「サービス付き高齢者向け住宅」の登録制度（2012年）が創設されている
高齢者，障害者等の移動等の円滑化の促進に関する法律（バリアフリー法）	従来の建築物のバリアフリー化を目的する「高齢者，身体障害者等が円滑に利用できる特定建築物の建築の促進に関する法律」（ハートビル法：1994年）と駅や公共交通機関などのバリアフリー化を目的とする「高齢者，身体障害者等の公共交通機関を利用した移動の円滑化の促進に関する法律」（交通バリアフリー法：2000年）を一体化した法律。高齢者，障がい者などの移動上および施設の利用上の利便性および安全性の向上の促進を図り，公共の福祉の増進に資することを目的としている
福祉のまちづくり条例	地方自治法を根拠として市町村や都道府県の議会決議によって定められる自主的な法令。その地域の独自性を示すことができる。公共建築物・民間建築物・交通機関・道路・公園など日常生活のあらゆる面に関わる施設のバリアフリー化を図るためのもの

出典）東京商工会議所編：『福祉住環境コーディネーター検定試験®3級公式テキスト改訂6版』，東京商工会議所，pp.186-199（2022）を参考に作成

6．住まいと地域生活　　*167*

ワークシート ● 暮らしやすいまちづくりについて考えてみましょう

〈事例〉
　実習生の秋山仁美さんは，居宅介護で認知症の金山トメさん（82歳）のお宅に伺います。ある日，いつも仕事で訪問時にはいない同居している娘さんと偶然，駅で会いました。その際，娘さんより金山さんが1人で家から出ていってしまい，帰れなくなってしまうことがあると相談を受けました。昔から住んでいる地域ですが，最近は開発も進んでいるので，認知症の金山さんが混乱し，帰れないだけでなく，安全確保ができないのではないかということでした。秋山さんは，この地域の安全性，福祉のまちづくりがどのように進められているか考えてみることにしました。

作業

　秋山さんは，金山さんの住んでいる地域を中心に，周辺状況を調べ，金山さんの生活や行動特性を考慮した福祉住環境マップを作成しました。秋山さんが行った作業を自分に置き換えて考えてみましょう。

〈秋山さんの作業手順〉

対象地を設定
　　金山さんの自宅周辺
　　　〔対象地は，自宅周辺，実習先の施設周辺・利用者の自宅周辺・学校周辺などを設定する〕

作業に必要なものの準備
　　・金山さんの自宅周辺地図（小学校区の地図）　・透明シート
　　・付箋　　　　　　　・セロハンテープ　　　・ベンジンなど油性マジックを消せるもの
　　・油性マジック　　　・デジタルカメラ（必要に応じて）
　　　〔必要なものをそろえよう〕

作業1：地域を歩いて観察する
　　建物状況，道路状況，自然状況などを観察し，メモや写真で記録する
　　　〔数人のグループで調査して歩き，さまざまな視点で観察するといろいろな意見が出てくる〕

作業2：地図地域情報を記入する
　　地図に透明シートを重ねてセロハンテープで固定し，その上から地域情報を書き込む
　　①周辺にある施設情報（市役所・消防署・保健所・
　　　地域包括支援センター・病院・郵便局・銀行・
　　　学校・商店・コンビニなど）
　　②交通状況を確認し，交通量の多いところ，
　　　人気のないところ，街灯が少ないところ，
　　　緑の多いところなどの地域特徴
　　③金山さんが1人で町を歩いたときに見守りを
　　　してくれそうな人材や組織（自治会・
　　　自主防災会・民生委員・児童委員・地域の防災サポーターのような人材）
　　　〔透明シートを使うと，福祉住環境の視点や防災の視点，防犯の視点など複数の視点での分析に地図を利用できる。直接地図に書き込んでいくのもよい〕

作業3：金山さんに必要な情報をまとめる
　　作業1・2で行った情報を整理し，必要に応じて
　　リスト化，図式化して見やすくまとめる，
　　日常的に使えるようにする
　　　〔見やすいように記号化や色分けを使って，必要な情報をまとめよう〕

まとめ

　秋山さんは，後日，金山さんの徘徊用に，今回の福祉住環境マップを娘さんに渡しました。マップには，金山さんの日常生活で必要な施設の場所や，迷子のときに頼れる地域の施設や人材のリスト，自宅周辺で交通量が多く1人で行くのは危険な場所などが記入されています。また，コンビニやスーパーなどトイレを借りられる場所や水を飲める場所なども記入してあり，娘さんは，散歩もかねて週末に金山さんと出かけて，一緒に確認しています。認知症である母を気にしていた娘さんも，できればケアラーズカフェを調べてその場所も記入してみたいと考えています。

【参考文献】

- 小澤紀美子編：『豊かな住生活を考える─住生活 第3版』，彰国社（2002）
- 中野明編著：『目で見る［住生活］と住まいのデザイン 第2版』，建帛社（2007）
- 日本建築学会編：『コンパクト建築設計資料集成〈住居〉』，丸善（1995）
- 東京商工会議所編：『福祉住環境コーディネーター検定試験® 3級公式テキスト 改訂6版』（2022）
- 川崎衿子編：『家事とたたかう住まい』，彰国社（1997）
- 岸本幸臣編：『図説テキスト 住居学』，彰国社（1997）
- 定行まり子・薬袋奈美子編著：『生活と住居 第2版』，光生館（2023）
- 小林秀樹：『新・集合住宅の時代』，NHK出版（1997）
- 内閣府：「令和5年版高齢社会白書」（2023）
- 厚生労働省：「2022（令和4）年国民生活基礎調査の概況」（2023）
- 日本福祉用具・生活支援用具協会：「事故情報」，https://www.jaspa.gr.jp/
- テクノエイド協会：「福祉用具ヒヤリハット情報」，https://www.techno-aids.or.jp
- 国民生活センター：リーフレット「くらしの危険」，https://www.kokusen.go.jp/kiken/
- 東京消防庁：「地震に備えて─いま 一人ひとりにできること‼─」，https://www.tfd.metro.tokyo.lg.jp/lfe/bou_topic/
- 日本家政学会住居学部会編：『住まいの百科事典』，丸善出版（2021）
- 林知子・大井絢子他：『住まい方から住空間をデザインする 新訂第二版』，彰国社（2018）

索 引

英字

ADL	5,30
BMI	71
DHA	66
EPA	66
HACCP	79
IADL	5
ICF	5
ICT	3,54
IH クッキングヒーター	94
Induction Heating	94
Microwave Oven	94
n−6系	65
n−3系	66
QOL	4
SDGs	23,51
SV	72
TCA 回路	68

あ

アイロンかけ	120
空き家	164
悪質商法	42
悪性腫瘍	91
足　型	114
アセスメント	30
アナフィラキシーショック	81
アミノ酸	65
編　物	105
アレルギー物質	75
安静時代謝量	69
安全面や衛生面	93

い

育児ストレス	22
育児不安	22
慰謝料	26
医食同源	96

イス座	134
一汁三菜	60
遺伝子組換え食品	78
衣服内気候	101
衣服の快適さを左右する主な要因	101
遺留分	27
衣　料	100
―障害	109
衣類防虫剤	122
いろポチ	110

う・え・お

ウェルシュ菌	80
運動時代謝量	69
栄養素の吸収・代謝	64
栄養素の種類と機能	64
栄養素の消化・吸収	68
栄養素の代謝	68
エネルギー源	64
エネルギー代謝	69
嚥下障害	90
―のレベル	90
エンゲル係数	36
黄色ブドウ球菌	80
織　物	105
織物の3原組織	105
温熱環境	139

か

外因性内分泌攪乱物質	78
介護福祉	4
快適な靴の条件	114
化学繊維	104
化学的消化	68
核家族	16,20
―化	28
拡大家族	16
家　計	34
―調査	36

—の構造 …………………………35	クエン酸回路 …………………………68
賀寿 ……………………………………61	靴 ……………………………………114
可処分所得 ……………………………34	グリーンファッション ………………109
家事労働 …………………………34,46	グリコーゲン ………………………65,68
家政学 …………………………………2	ケアラーズカフェ ……………………51
—の重要性 ……………………………5	経済 ……………………………………34
—の知識と技術 ………………………2	結婚 ……………………………………24
家族 ……………………………………16	結露 …………………………………145
—観 …………………………………28	健康日本21 …………………………82,83
—規模 ………………………………20	健康の定義 ……………………………82
—の機能 ……………………………18	原材料名 ………………………………75
—の小規模化 ………………………20	

こ

—の変化 ……………………………20	高 LDL コレステロール血症 …………88
価値観 …………………………………17	高血圧症 …………………………84,87
可聴域 ………………………………142	恒常性 …………………………………82
家庭裁判所 ………………………24,27	構成素 …………………………………64
家庭内事故 …………………………154	高 TG 血症 ……………………………88
加熱操作 ………………………………92	高尿酸血症 ……………………………88
加齢 ……………………………………8	高齢者の低栄養 ………………………89
換気 ……………………………………6	誤嚥性肺炎 ……………………………90
環境ホルモン …………………………78	国民経済の3主体 ……………………34
看護師 ……………………………6,7	国民健康・栄養調査 …………………82
看護の対象 ……………………………7	国民生活時間調査 ……………………46
間接税 …………………………………35	国民生活センター ……………………43
管理方法 ……………………………113	戸籍 ……………………………………16
	子育て援助活動支援事業 ……………50

き

機械換気 ……………………………140	5大栄養素 ……………………………64
機械的消化 ……………………………68	骨折予防効果 …………………………89
起居様式 ……………………………134	骨粗鬆症 ………………………………89
器具・エネルギー源 …………………94	骨密度上昇効果 ………………………89
既製衣料の JIS サイズ表示 …………108	ごみ屋敷 ……………………………157
基礎代謝量 ……………………………69	コレステロール ………………………65
基本身体寸法の計測項目 ……………108	婚姻 ……………………………………24
気密性 ………………………………141	婚姻要件 ………………………………24
キャッシュレス化 ……………………42	献立作成 ………………………………86
吸音効果 ……………………………142	—の基本 ……………………………86
吸音性 ………………………………142	—の手順 ……………………………86
協議離婚 ………………………………24	—の留意点 …………………………86
行事食 ……………………………61,63	コンテンツ ……………………………54
郷土食 …………………………………61	混紡 …………………………………106
郷土料理 …………………………62,63	

さ・し

局部照明 ……………………………139	サービング ……………………………72
寄与分 …………………………………26	再婚 ……………………………………21
金融リテラシー ………………………41	サルコペニア …………………………89
	サルモネラ菌 …………………………80

く・け

クーリング・オフ制度 ………………42	三色食品群 ………………………71,75

山水の法則	95
三世代家族	16
残留農薬	78
脂　質	64
―異常症	88
地震への備え	155
自然換気	140
下　着	112
下準備	117
シックハウス症候群	141
湿　度	140
室内環境	139
シミ抜き	120
社会生活基本調査	46
社会的ネットワーク	50
社会保険料	34
尺貫法	157
住環境整備	158
修繕用商品	125
収入労働	34
収　納	121
手工芸	126
出生家族	16
主要ミネラル	66
旬	61
旬の食材	61
生涯未婚率	21
消化管	68
脂溶性ビタミン	66
照　度	139
消費期限	76
消費支出	35
消費者基本法	42
消費者問題	42
消費生活センター	43
情報のデジタル化	54
賞味期限	76
食事摂取基準	70
食事バランスガイド	71,72
食習慣	62
食生活指針	71,83
食生活の機能	60
食生活の現状と課題	60
食中毒	79
―の予防	79
食の安全	78
食品衛生法	79
食品群	74

食品成分表	74
食品摂取の多様性評価票	90
食品添加物	76,78
食品トレーサビリティ	79
食品の加工	74
―と表示	74
食品の表示	75
食品の分類	74
食品の保存	76
食品表示基準	75
食品表示法	79
食品表示マーク	76
食文化	60
食物アレルギー	79,81
―の原因食品	81
食物繊維	64,65
寝具・寝装具	112
寝具に求められる機能	112
親　権	26
人工照明	139
寝室環境	113
腎臓病	88
親　族	24
身体活動レベル	71
人体寸法	134
人体と栄養素，水	64
人体の代謝	68
親　等	24

す・せ

推奨量	71,72
推定平均必要量	71,72
水溶性食物繊維	65
水溶性ビタミン	66
住まいの機能	131
住まいの役割	130
生活環境	7
生活空間	136
生活財	158
生活史	30,33
生活時間	46
生活史の聞き取り	30
生活者	5
生活習慣病	60,70,84
生活習慣病と献立作成	87
生活設計	41
生活の質	2
生活歴	33

税　金 ……………………………………34
生殖家族 ……………………………………16
精神的機能 ……………………………………60
成年後見制度 ……………………………………27
生物的消化 ……………………………………68
生理的機能 ……………………………………60
世　帯 ……………………………………16
繊維の種類と特徴 ……………………………………104
洗　剤 ……………………………………146
洗剤の種類 ……………………………………117
洗濯の方法 ……………………………………117
全般照明 ……………………………………139

そ

騒　音 ……………………………………142
掃　除 ……………………………………145
掃除道具 ……………………………………145
創設家族 ……………………………………16
相　続 ……………………………………26
相続分 ……………………………………26
ゾーニング ……………………………………136

た・ち

ターミナルケア ……………………………………96
代　謝 ……………………………………68
体成分の分解・合成 ……………………………………64
太陽光 ……………………………………139
耐容上限量 ……………………………………71,72
耐用年数 ……………………………………144
炭水化物 ……………………………………64
単独世帯 ……………………………………20
たんぱく質 ……………………………………64,65
地域環境 ……………………………………164
地域共生社会 ……………………………………166
地域コミュニティ ……………………………………164
地域包括支援センター ……………………………………51
地域防災計画 ……………………………………156
中華料理 ……………………………………96
中国料理 ……………………………………96
中性脂肪 ……………………………………66
朝食欠食 ……………………………………60
調整素 ……………………………………64
調　停 ……………………………………24
調理器具の準備 ……………………………………93
調理設備 ……………………………………94
調理操作 ……………………………………92
調理の基本操作 ……………………………………93
調理法 ……………………………………92

調理方法 ……………………………………86
直接税 ……………………………………35

つ・て・と

通信・放送サービス ……………………………………56
定位家族 ……………………………………16
低 HDL コレステロール血症 ……………………………………88
デジタルデバイド ……………………………………56
電磁誘導加熱 ……………………………………94
電子レンジ ……………………………………94
天然繊維 ……………………………………104
同一家族意識 ……………………………………17
糖　質 ……………………………………64
動　線 ……………………………………136
糖尿病 ……………………………………60,84,87
特異動的作用 ……………………………………69
特別寄与料 ……………………………………27

に

日常災害 ……………………………………154
日常生活圏 ……………………………………164
日本家屋の問題点 ……………………………………157
日本食品標準成分表 ……………………………………74
日本料理 ……………………………………95
認知症カフェ ……………………………………51
認知症ケア ……………………………………5

ね

熱中症 ……………………………………84
熱量素 ……………………………………64
寝床気候 ……………………………………113

は

配　膳 ……………………………………95
ハウスダスト ……………………………………145,147
ハザードマップ ……………………………………153
ハサップ ……………………………………79
発　達 ……………………………………8
早寝・早起き・朝ごはん ……………………………………97
バリアフリー ……………………………………157
晩婚化 ……………………………………22

ひ

ヒートショック現象 ……………………………………140
非加熱操作 ……………………………………92
非婚化 ……………………………………21
非常災害 ……………………………………153
非消費支出 ……………………………………34

索　引　*173*

ビタミン ………………………………… *64,66*
必須アミノ酸 …………………………… *65*
被服生活 ………………………………… *100*
被服素材の加工 ………………………… *106*
被服素材の性能 ………………………… *106*
被服の管理 ……………………………… *116*
被服の役割と機能 ……………………… *100*
肥　満 …………………………………… *84*
　　―症 ………………………………… *87*
漂　白 …………………………………… *120*
　　―剤の種類 ………………………… *123*
微量ミネラル …………………………… *66*
品質表示 ………………………………… *116*

ふ

ファミリー・アイデンティティ ……… *17*
ファミリーサイクル …………………… *130*
ファミリー・サポート・センター事業 ……… *50*
服　育 …………………………………… *102*
福祉職 …………………………………… *8*
福祉のまちづくり ……………………… *167*
服装の TPO …………………………… *102*
ブドウ糖 ………………………………… *65*
不飽和脂肪酸 …………………………… *66*
扶　養 …………………………………… *26*
不溶性食物繊維 ………………………… *65*
フレイル ………………………………… *89*
文化的機能 ……………………………… *60*

ほ

防災公園 ………………………………… *156*
防災マニュアル ………………………… *153*
縫製の基礎 ……………………………… *124*
縫製用具 ………………………………… *124*
防犯対策 ………………………………… *152*
飽和脂肪酸 ……………………………… *66*
保　管 …………………………………… *121*
干し方 …………………………………… *119*
補　食 …………………………………… *84*
保全素 …………………………………… *64*
ボツリヌス菌 …………………………… *80*
ホメオスタシス ………………………… *82*
ホルムアルデヒド ……………………… *141*

ま・み

まちづくり ……………………………… *165*
間取り …………………………………… *136*
身支度 …………………………………… *93*

身支度と手洗い ………………………… *93*
ミネラル ………………………………… *64,66*

む・め・も

無機質 …………………………………… *66*
無償労働 ………………………………… *34,46*
6つの基礎食品群 ……………………… *75*
名産品 …………………………………… *62*
目安量 …………………………………… *71,72*
メンテナンス …………………………… *144*
目標量 …………………………………… *71,72*
問題商法 ………………………………… *42*

や・ゆ・よ

ヤングケアラー ………………………… *51*
遺　言 …………………………………… *27*
有償労働 ………………………………… *46*
誘導加熱 ………………………………… *94*
ユカ座 …………………………………… *134*
ユニバーサルデザイン ………………… *56,157*
　　―のキッチン ……………………… *94*
　　―の7原則 ………………………… *56*
ユニバーサルファッション …………… *109*
ユビキタス社会 ………………………… *55*
養育費 …………………………………… *26*
洋　食 …………………………………… *95*
4つの食品群 …………………………… *75*

ら・り

ライフイベント ………………………… *130*
ライフサイクル ………………………… *130*
ライフステージ ………………………… *41*
　　―別 ………………………………… *83*
ライフプラン …………………………… *41*
ライフライン …………………………… *153*
離　婚 …………………………………… *24*
　　―件数 ……………………………… *21*
　　―率 ………………………………… *21*

れ・ろ・わ

冷凍冷蔵庫の使用方法 ………………… *77*
老　化 …………………………………… *8*
和食のマナー …………………………… *61,63*

〔編著者〕　　　　　　　　　　　　　　　　　　　　　　　　　　（執筆分担）

奥田　都子　　静岡県立大学短期大学部　准教授　　　　　　　各論Ⅰ-1～4

〔著　者〕（五十音順）

大塚　順子　　東京通信大学人間福祉学部　准教授　　　　　　総論Ⅳ（一部），各論Ⅳ-1・5・6

桂木　奈巳　　宇都宮共和大学子ども生活学部　教授　　　　　各論Ⅲ-2・5・6

古賀　繭子　　日本女子大学建築デザイン学部　助教　　　　　各論Ⅳ-2～4

神部　順子　　高松大学経営学部　教授　　　　　　　　　　　各論Ⅰ-8・10

倉田あゆ子　　日本女子大学家政学部　准教授　　　　　　　　各論Ⅰ-7・9

倉田　郁也　　佐久大学信州短期大学部　准教授　　　　　　　総論Ⅳ（一部）

田﨑　裕美　　静岡福祉大学　名誉教授　　　　　　　　　　　総論Ⅳ（一部），各論Ⅱ-1・2・4～6

中川　英子　　宇都宮短期大学　名誉教授　　　　　　　　　　総論Ⅳ（一部），各論Ⅰ-5・6

奈良　環　　　文京学院大学人間学部　准教授　　　　　　　　総論Ⅰ

野田由佳里　　聖隷クリストファー大学社会福祉学部　教授　　総論Ⅱ

布川かおる　　宇都宮短期大学　准教授　　　　　　　　　　　各論Ⅱ-3・7

益川　順子　　宇都宮短期大学　教授　　　　　　　　　　　　総論Ⅲ

増田　啓子　　常葉大学　非常勤講師　　　　　　　　　　　　各論Ⅱ-1

百田　裕子　　宇都宮短期大学　教授　　　　　　　　　　　　総論Ⅳ（一部），各論Ⅱ-8，各論
　　　　　　　　　　　　　　　　　　　　　　　　　　　　　Ⅲ-1・3・4・7

加藤　牧子：ワークシート・コラムのイラスト作成

青柳　美香（済生会宇都宮病院看護専門学校　専任教員）：総論Ⅳ，家計ワークシート執筆協力

生活支援の基礎を学ぶ
―介護・福祉・看護実践のための家政学―

2024年（令和6年）9月10日　初版発行

編著者　奥　田　都　子
発行者　筑　紫　和　男
発行所　株式会社 建 帛 社
　　　　　　　KENPAKUSHA

〒112-0011　東京都文京区千石4丁目2番15号
TEL（03）3944-2611
FAX（03）3946-4377
https://www.kenpakusha.co.jp/

ISBN 978-4-7679-3438-9　C3037　　　　　亜細亜印刷／常川製本
© 奥田都子ほか，2024　　　　　　　　　Printed in Japan
（定価はカバーに表示してあります）

本書の複製権・翻訳権・上映権・公衆送信権等は株式会社建帛社が保有します。
JCOPY 〈出版者著作権管理機構　委託出版物〉
本書の無断複製は著作権法上での例外を除き禁じられています。複製される
場合は，そのつど事前に，出版者著作権管理機構（TEL03-5244-5088，
FAX 03-5244-5089，e-mail：info@jcopy.or.jp）の許諾を得て下さい。